图书在版编目（CIP）数据

法理情：法政哲思 / 余双彪著. —北京：中国检察出版社，2019.5
ISBN 978-7-5102-2293-1

Ⅰ.①法… Ⅱ.①余 Ⅲ.①法律－文集 Ⅳ.①D9-53

中国版本图书馆 CIP 数据核字（2019）第 073350 号

法理情
——法政哲思
余双彪 著

出版发行：	中国检察出版社
社　　址：	北京市石景山区香山南路 109 号（100144）
网　　址：	中国检察出版社（www.zgjccbs.com）
编辑电话：	（010）86423703
发行电话：	（010）86423726　86423727　86423728
	（010）86423730　68650016
经　　销：	新华书店
印　　刷：	北京玺诚印务有限公司
开　　本：	A5
印　　张：	9.25
字　　数：	197 千字
版　　次：	2019 年 5 月第一版　2019 年 5 月第一次印刷
书　　号：	ISBN 978-7-5102-2293-1
定　　价：	36.00 元

检察版图书，版权所有，侵权必究
如遇图书印装质量问题本社负责调换

法理情
——法政哲思

余双彪 著

中国检察出版社

序

　　面对人类的智慧，理论上超乎人类智慧的"神"或许对我们的思考嗤之以鼻。但是思考本身就是价值。把自己多年前简单的思考和思考后的答案集结成册，让大家品评，需要勇气，更需要"傻劲"。多年后再看以前的文字，或许稚嫩，或许偏颇。有些在校正中本可以进行修饰完善，但反复斟酌后都留下了，目的是想看看思考的过程和痕迹，了解思考背后的时代烙印和发展脉络。文字有时候不仅体现个人的思想，其实也体现了年份、时代的一些共同思维。正因为此，具有前瞻性的思考才更为难得。由此，思考以及思考的结果，都要在时代的背景下进行评判。了解和理解思考以及有意义的思考——思想，都不能过分超越时代。

在苍茫的宇宙中，人类很渺小但又很伟大。我们渺小于个体生命的脆弱和无常，伟大于人类文明的生生不息。在这生生不息的传承中，思考发挥着极其重要的作用。有了思考，才有了创新，有了创新，才有了生命的质量和文明的腾飞。只有思考，才能让人类在发展中更加深沉地把握住规律和周期。

法为何物？法治如何适应我国的发展历程，如何与传统文明相融合而走出一条中国特色的法治之路？这些宏大的命题需要建构在一些细节的思考之上。一些琐碎的思考或许对破解此类问题没有直接性的促进作用，但至少可以启发思维、服务实践，让自己作为法律人起到一些哪怕是"微尘"的影响。

神治、人治、法治，不同治道在不同的时期发挥着各自的作用。法治之道，并非最高、最优选择，但应是最正确的选择。或许随着人类的发展，我们会找到另外一种更好的治道，而迄今为止，法治是相对更好的选择。

法路难行，作为司法者，在实践中不仅需要理性和超前的思考，也需要稳重和务实的实际行动。这些思考和行动会让法律更加温情、更有人性。我们双手离地，指向苍穹，所以脱离了"兽性"，向"神性"飞跃。我们双脚踏地，难离地面，所以进化过程中的"兽性"也一直伴随。法治与非法治，雷同于"神性"与"兽性"，需要过程，需要不同民族根据自己的特性来构建法治文明。

　　法路光明，相信法律，尊崇法律。法律并非冰冷无情的，法律不外乎人心，背后有情有义。法、理、情，以法为据、以理服人、以情感人，讲清法理、事理、情理，在法律的规制下，我们的生活一定会更美好。

　　法路之行离不开法律人的执着与追求，离不开法律人的独特思考，离不开法律人的良心和情义。

　　而法律人的良心来自自身全部的知识和生活方式。

　　法治，就是法律人的良心。

　　一点思考。

　　是为序。

余双彪
2019 年 3 月

目 录

法路浅行

003/ "法有限,情无穷",还是"法之下,情有度"

009/ 释法说理,司法透明的一面旗帜

015/ 从舆论司法走向司法舆论

021/ 法律监督应坚持力度、质量、效率和效果相统一

025/ 慎言"同案不同判"

030/ 检察监督应注重维护司法权威

034/ 两难,考验司法的衡平艺术

039/ 司法公信建设刻不容缓

045/ 理性对待无罪判决

050/ 法是一种生活语法

056/ "渴望"公正司法

061/ 塑造尊崇法律的司法文化

065/ 刑法应该谦抑、再谦抑

073/ 边界司法的司法边界

078/ 从司法理性走向理性司法

083/ 精英的智慧,平民的语言

087/ 诉讼推动法治

090/ 刑法的两难:事实与规范概念的纠缠

098/ 出入人罪,不能仅停留在社会危害性上

理通意晓

109/ 刑事政策与检察实践

112/ 主动赔偿,不能一概从轻处罚

116/ 检察建议应突出"六性"

120/ 公诉立场与公诉能力

130/ 赦免"原罪",应慎重

135/ 公然挑战法律权威行为应予严惩

139/ 法官给检察官打分要慎重

143/ 用法保障讲真话

146/ 公平与正义,理想和现实

152/ 圈子与腐败

157/ 人情文化的腐败宽容

162/ 为官当如水

165/ 为官"六戒"

171/ 仇富仇官本质是仇腐

176/ 官员应心怀敬畏

180/ 警惕"腐败掮客"

184/ 廉洁从政,坚持"五慎"

189/ 良心与廉心

194/ 反腐不相信眼泪

197/ 腐败文化忧思

情随境生

205/ 清官情结与司法公正
　　——漫谈司法目标的阶段性

210/ 道德自责与法治良心

213/ 法律精神下的判决

217/ 法治意识的培养
　　——奥运安保后的法律思考

225/ 死刑呼唤生命

228/ 感动的瞬间

231/ 民生之艰，稼穑之辛

236/ 阳光下的太阳村

239/ 救济程序是维系公正的重要保障
　　——读《刑事救济程序研究》

242/ 撩开公诉权的面纱
　　——读《公诉权原论》

247/ 启开证据基础理论的闸门
　　——读《理想与现实——刑事证据理论的新探索》

251/ 微著中见远大
　　——浅评《法苑杂谈》

254/ 从理性走向危机
　　——读理查德·波斯纳的 A Failure of Capitalism

262/ "跨国"的国际法
　　——评杰塞普的《跨国法》

壹 法路浅行

法意阑珊人何处。清末以来百年法治之路漫长而曲折，我们在浅行中前进，在前进中浅行。古之"法治"，虽有本土之优而无现代之长；今之西式法治，引自欧美，虽有现代之好而无本土之根，乃至制度植入南辕北辙，实施效果大相径庭，总与中华内在文化、机理难以完全融会贯通。探寻法治之路，必须在传统文化和几千年来在这古老土地上形成的生活方式中寻求根基和支持。

从某种意义上说，法治是一种制度，制度的落实需要每一个人都在其间发挥作用；法治是一种理念，理念一新天地宽，法治之路虽难但一直在前行；法治是一种氛围，我们用规则来解决争端和冲突，用规范来引领预期和未来；法治是一种文化，西方法治必须紧紧与中华传统文化相融合，形成我们自己的法治文化，才能真正发挥作用；法治是一种信仰，要发自内心尊崇法律、相信法律，我们才能真正实现公平正义；法治是一种理想、人生、目标……

"法有限，情无穷"，还是"法之下，情有度"

古今中外，在法律适用上，法、理、情是司法官员都必须权衡考虑的三个重要因素，其背后涉及法律与道德、法律与文化、法律与政治等诸多关系。中国古代，更是直接允许官员根据其对儒家教义的理解来适用法律，所谓春秋决狱正是如此。也因此，出现了官员直接根据当地的伦理道德观念，根据乡规民约对案件作出判决的情形。一些在民间传颂至今的判决，一些在人们朴素的正义观下所津津乐道的判决，很多是根据情理、道德和伦理作出的。而之所以把情理作为定案考量的因素乃至直接依据，作出的判决被很多人认可、宣传乃至崇拜，其中一个十分重要的理由就是"法有限，情无穷"，即对实质理性和形式理性考量的差异。

一个国家的刑事法治主要由刑事法理念、

刑事法制度和刑事法规范组成。制度和规范是外在的，理念则是内在的。什么样的理念，往往与文化传承密切相关。有些理念，更是历经长久而沉淀下来的，诸如杀人者死、杀人偿命等。中国古代，无论是《唐律疏议》还是《大明律》等，"法有限，情无穷"，这种实质理性的思考就是一个十分重要的理念。它不仅包含了伦理立国、法律作为统治手段不足的内在意义，也包含了法律本身可能滞后于现实生活，还需要借助伦理道德来审判的外在含义。《论语·为政》指出，道之以政，齐之以刑，民免而无耻；道之以德，齐之以礼，有耻且格。"法有限，情无穷"，这让司法官员在追究犯罪（出罪和入罪）的时候，对"情"的考虑往往可以替代"法"的适用。法律不敷使用或使用时可能不是很合理的时候，就可以援引各种伦理道德来进行审判；入罪，可以举轻以明重，出罪，可以举重以明轻。自由裁量的空间虽是巨大的，但也契合了当时的法律文化、法制现实和社会需要。

一种判决能够容法理情于一体固然是好。然而，最关键的是，在法、理、情三者之间，终归需要个基本的前提。"法有限，情无穷"，情是根本，法置于后。其实质反映的是在一个以儒家教义作为最高伦理道德的文化传统国度里，法律仅仅是实现某种统治、实现某种伦理目的的工具。以礼入法，出礼入刑，礼是根本，法是表在，合乎伦理观念的情理是关键，制定出来的法律只是维护统治的器械而已。实质上，这非"依法治国"，甚至连"以法治国"都谈不上。如果从刑事司法理念角度来看，这种思想更是反映了我们长久以来存在的两个突出问题：一是治理国家手段的单一化,长期依靠刑事法来治国理政,这种观念影响深远,甚至现今有需要对社会某一类行为进行严惩时,也必然想着在刑法上加一条文;二是反映了刑事司法追求实质理性的强烈冲动,对法未规定之"恶"难以容忍,这也影响至今。在刑法理论上,我们一直强调犯罪的本质特征是行为的社会危害性,并以此为中心建构刑法理论体系;在刑事司法上,有的人存在强烈的入罪冲动,总是在社会危害性的指导下,以模糊的标准把社会危害性的价值判断与行为有没有社会危害性的事实判断混淆起来,甚至以价值判断代替事实判断。这也就形成了一个我们长期以来一直觉得正确的基本观念:行为有社会危害性,就应当受到刑事制裁。

这种刑事司法理念,这种不受法律规则限制的实质判断往往会对公民的权利和自由造成侵害。特别是在形式理性和实质理性判断出现矛盾的时候。一方面,由于长期秉持的实质理性判断,导致1979年《刑法》中规定了类推制度。类推把通过实质判断认为有社会危害性的行为都加以制裁。虽然1997年《刑法》取消了类推制度,规定了罪刑法定原则,但还是把社会危害性放在最高位置,以社会危害性这种相对模糊的概念来处理这样一种社会现象:当其他管理措施难以奏效的时候,就通过刑法将其规定为犯罪。另一方面,长期以来在实质理性的指引下,也导致一些司法机关和司法人员,往往习惯先做实质判断,先从社会危害性角度来判定是否需要定罪处罚,然后去寻找"法条",一定程度上存在先定罪后找法的现象。而且,对司法人员来说,这种"有""无"形成的逻辑思维和办案习惯,一定程度上也容易导致形式化地运用刑法来打击犯罪,从而影响案件的正确处断，不利于实现刑法的人权保障机能。

事实上，人治和法治的区别不在于是否有法律，而在于怎样运用法律。人治，法律只是统治的工具，通常以统治者的需求，以"法有限、情无穷"、实质理性的理由，以统治者自身的实质合理性判断为目标，肆意作出有利于统治者的选择。法治，意味着法的统治，意味着法的至上性，意味着法的权威高于一切。就刑事法治而言，意味着在罪刑法定原则下，通过形式合理性的追求来实现实质合理性，在形式理性的旗帜下限制司法官员的恣意和权力的滥用，对公民权利和自由加以完整、全面的保护。如同诺依曼所说的，人权以及国家的一切干预行为必须以普遍规范为根据就构成了"法治"，或者用德语来说就是"法治国"。这种以普遍规范为根据就是形式理性的要求，是"法之下，情有度"，而不能是"法有限，情无穷"。

选择形式理性，往往意味着在刑事法治中，形式的判断可能优于实质判断，意味着在坚守形式合理性的同时，必须承受一定程度上的实质合理性的丧失。这或许就是法治的代价。但是，更应该看到，与法治本身可能存在的弊端相比，损害法治的方式危害更大。以实质理性的判断而损害法治的形式理性，可能获取一时的"平静"和问题的暂时解决，但最终会导致"掌权者"以自己的意志、以实质理性为借口随意解释法律，损害的会是所有人的整体利益。这种情况下，问题的短暂解决并不代表结束，相反，意味着存在无限改变的可能性。正是从批评专制的严重弊端、防止司法官员擅断的角度出发，贝卡利亚甚至主张取消法官的法律解释权，认为严格遵守刑法文字所招致的麻烦，不能与解释法律所造成的混乱相提并论。这种暂时的麻烦促使立法者对引起疑惑的词句作必要的修改，力求准确，并且阻止人们进行致命的自由解释，而这正是擅断和徇私的源泉。尽管这一观点颇为偏激，但其纯粹的形式理性精神令人敬佩。

对形式理性的追求必然要求我们重新审视社会危害性在刑事司法中的地位，重新思考出罪和入罪的标准。立法时考量的因素不应在司法时继续过多地加以运用，即不能以行为具有社会危害性为由而寻求运用刑事手段制裁和处罚。很显然，并不是任何一个危害社会的行为都需要通过刑事手段来处理。但是，从现实出现一些司法个案看（如网上裸聊是否构成聚众淫乱罪，通过挖洞偷逃过路费是否构罪等），社会危害性成为忽视其他手段（民事、行政等）治理社会，而都要进行刑事处理的极好理由。社会危害性这种浓厚的实质理性痕迹，很容易成为权力滥用的借口，因为作为"犯罪的本质"，任何一个行为，都有可能在这种社会危害性的观念下，成为超过刑法规范规定的而又可以处罚的"犯罪"。换言之，如果认为一个行为恶劣，情理难容，需要入罪，社会危害性这个"犯罪的本质"就是一个很好的并且具有高度理论色彩的突破罪刑法定原则的理由和根据。

轻形式理性重实质理性的刑法文化传统对我们的司法实践影响至深。诚然，司法的处断必然要考虑到处断的效果和社会影响。但是，"法有限，情无穷"，实质理性意味着处断时考虑的顺序是情、理、法，而这万万不应成为司法官员的司法理念。相反,"法之下,情有度",在刑事法治中,司法官员定罪量刑应考量的顺序是法、理、情。法律在个案处断时永远应置于首位,因而构成犯罪时,首先应该看看有没有法益侵害,其次看行为人有没有责任,最后看刑法上有无明文规定,这三个环节是犯罪认定上所考虑的最基本步骤,也是近代刑法建立的基本框架,唯有此,我们才能实现真正的刑事法治。

　　法、理、情,司法处断时,三者兼顾,这是最为理想的状态。然而,并非所有的事项都能达到理想状态。如果实践中有冲突,法应该而且始终应放在第一位。

释法说理，司法透明的一面旗帜

当下的司法领域，主要矛盾是人民群众日益增长的对公平正义的需求与司法机关司法能力供给不平衡不充分之间的矛盾。当下的司法改革，正是为了解决这一矛盾，并致力于构建一个公正、高效、权威的司法制度。为此，司法机关作出了一系列部署和安排，多有制度的建立和健全，机制的更改与完善等。其中，就有一个十分重要的内容——司法公开。公开是公正的前提，公开是公信的基础，很难想象没有公开的司法会是一个公正的司法。司法公开，本质上就是要求司法透明，而这样的要求不能仅仅从政务公开角度来理解，也不能比照政务公开所需的内容来决定。事实上，行政权与司法权风格迥异、大相径庭，与行政权通常呈现的秘密性和封闭性不同，司法权的一个重要内涵和基本要求就是公开和透明。司法操作的透明，包括当事人的参与、结果的公开、理由的阐述等，是司法权获得公众信任的基础。正如拉德布鲁赫所述的那样，司法的公开性不应仅仅为了监督，民众对法律生活的积极参与会产生对法律的信任，对法律的信任同时又是他们主动参与这类活动的前提。之所以实践中出现判决或司法处断是正确的，但是当事人要么双方、要么一方就是不停地上访、申诉，要个"说法"，寻求他们心目中的"公正"，就是因为很多时候我们司法处断时，并没有说理或者说没有透彻的说理，并没有告诉人们，我们为什么要这么处理。普通百姓对于司法的要求，不仅仅是一个结果，而是为什么是这样的一个结果；要的不仅仅是结论，更重要的是得出这个结论的理由。告诉人们"为什么"有时候比"是什么"更重要。

从这个意义上说，释法说理，对司法处断所适用的法律政策依据及事实理由的阐释，在当下的司法环境中，就彰显出它在实现司法公开和司法透明、促进司法公正和提高司法公信力中无可挑战的地位和作用。释法说理，是司法公开、透明的基本内涵和重要内容。简而言之，释法说理，就是阐明司法机关作出决定事项适用法律依据、理由。更简明的表述，就是告诉老百姓为什么要这么处理。除却法律制度设计本身存在的问题和故意的执法司法不公，及法治本身可能蕴含的一些不公正风险外，实践中出现的对司法的不信任大都源于司法机关没有详尽地向当事人说理，或者是，即使说理了，有些理由也是不充分。从目前的司法文书上看，说理较少，或者很抽象的说理，有的甚至简单直白到极致。对当事人来说，特别是对缺乏法律知识的普通百姓而言，某种程度上说，他们对司法过程和结果的"合理性"期望更胜过合法性,他们更追求符合普遍的正义情感和道德评价,更在乎是否符合在自身生活环境中能够得到大家认同的"有理"。应该坚信,纯粹意义上的"刁民"是很少的,如果不是因为有冤屈,大部分人不会放弃一切原本平静的生活而一门心思到省城、京城喊冤上访、寻求公平、找回正义。由此,释法说理成为执法者和老百姓之间沟通的纽带,成为沟通和谐与不满之间的桥梁,在桥的这端,是众多期盼司法公平公正,期盼一个"包青天式"执法司法者的普通老百姓;而桥的另一端则是执法司法者的执法司法行为、执法司法判断和执法司法良知。

对于作为国家法律监督机关的检察机关而言,释法说理则具有更加重要的意义。一则,释法说理是提高法律监督能力、增强法律监督实效的重要方式。释法说理剔除了简单的司法办案要求,从更高层次、更高水平、更高目标上对检察官司法办案提出要求——不仅仅是办好案,而是要让办案的结果得到各方的认可和接受,这种高标准严要求必然极大地促进检察人员法律监督能力的提升。同时,法律监督往往在监督机关与被监督机关之间产生一定程度的"冲突",被监督机关有时会对监督机关的意见产生抵触和不满,只有通过充分的说理,充分论证法律监督的理由,才能促使被监督者心悦诚服地接受监督,也才能真正增强法律监督的实效。二则,释法说理是有效化解矛盾纠纷、促进社会和谐的重要手段。当前,社会矛盾多样高发,各种矛盾交织作用,一些矛盾更多的以诉讼的形式进入司法领域,人民群众对司法的关注度越来越高,对司法办案的要求也越来越高,像以往那样简单地告诉当事人处断结果不仅不能化解矛盾纠纷,反而容易引发新的矛盾。释法说理,认真听取当事人的疑问,耐心细致地做好答疑解惑工作,促使当事人理解、接受法律处断结果,才能从实质意义上化解矛盾、解决纠纷,减少社会对抗、促进社会和谐稳定。三则,释法说理是认真贯彻落实宽严相济刑事政策的必然要求。宽严相济是一个十分重要的司法理念,要求对刑事犯罪区别对待,做到既有力打击犯罪,又尽可能减少社会对抗,实现法律效果和社会效果的统一。目前,宽严相济没有具体的操作标准,事实上,宽严相济也不可能有十分明确的标准。因此,如何根据每一案件的不同,把宽严相济具体地落实到司法实践中就需要高超的艺术和良好的司法能力。所以,当执法司法办案人员按照宽严相济要求处理案件时,就必须有详实的理由、充分的论证,这样才能让当事人相信处断的结果是合乎法律的精神、合乎生活的常理,而不是执法司法人员滥用自由裁量权。

实现司法公开、透明,提升司法公信力,要求我们更加注重释法说理工作。释法说理,首在"法"字,重在"理"字。简单地说,就是要阐明事理、法理和情理,最终让百姓明理服法。释"法",法律辨析以准确为本。要准确地把查明的事实解释成为法律规范设定的事实,就要准确证明客观事实与法律规范设定事实之间存在着同一的置换关系,同时还要否定其他的置换关系。在详细列举案件处理意见所依据的法学理论、具体法律内容的前提下,要准确说明采纳的理由和不采纳的理由。说"理",法理分析以精当为要。必须在案件事实和法律适用的基础上,充分阐述案件事实与法律规范之间内在的联系,简洁、严谨、精要的分析,使事实、理由脉络清晰、层次分明。当然,释法说理具体内容根据司法实践不同而不同,包括对事实的认定和法律适用的分析意见,也包括对当事人提出不同意见和看法时的解释、答复等。答疑说理的过程,不仅仅是简单的解释法律的过程,而是应结合当事人的不同情况,从当事人关心关注的问题入手,抽丝剥茧,详尽回复当事人的各种疑惑、问题。说理不仅要准确、清楚地阐明司法机关认定的事实和处理的依据,而且要到位,对当事人的疑问要谈深说透;不仅要符合客观实际,而且要用语规范,用语文明,用老百姓听得懂的方式来解释。

  当然,鼓励释法说理,并非要求在任何工作环节都进行详细的说理。如是,则只能增加无尽的工作负担,浪费司法资源,降低司法效率。释法说理的核心应是尊重并保障各方诉讼主体的知情权和参与权,以求最大限度公开司法程序和处理结果,最大限度地让当事人了解和理解繁杂的法律规定和深奥的法律规则,让当事人不仅知道结果,而且知道得出结果的理由,从而实现司法便民、司法利民、司法护民的要求。同时,由于我国地域广袤,不同习俗、观念和生活方式的人们对法律的理解大不相同,一定程度上影响人们对一些事件的看法、处理思路以及行为方式,尤其是对法律的看法。透过释法说理,法的严肃性与情理有机结合,司法人员在法律原意下对司法行为、结果的充分阐释,能够最大限度地赢得理解和尊重,更是一种"能动"司法的表现,也必然会极大提高司法公信力,促进司法正当化、公正化,进而促进司法和谐、社会和谐。

总之，一个时代的法律精神是这个时代一切社会制度的价值基础。法律的根本精神在于追求社会公平和正义，法律精神的展示、法律引领社会公正追求的一个重要途径是通过司法机关的司法处断来体现的。因此，我们至少可以认为，即便是在成文法国家，司法处断不仅仅是了结诉讼双方的利益纠纷，更重要的是通过处断告诉社会和民众，法律彰显的是什么，鼓励的是什么。通过释法说理，司法人员可以告诉人们，法律是怎么要求的，为什么法律是这样要求的，这样就架起法言法语、执法司法与普通群众生活之间的桥梁，使人们了解法律、理解法律、相信法律、尊重法律。当然，诚如培根所说：对于一切事物，尤其是最艰难的事物，人们不应期待播种与收获同时进行，为了使他们逐渐成熟，必须有一个培育的过程。释法说理也许不能解决司法实践中很多沉疴痼疾，但是，至少会在司法公开和透明上迈出令人可喜的一步，而这一步，因为有了法律的温情，就会逐渐撑起人们内心深处法治梦想和希望的蓝天。

从舆论司法走向司法舆论

社会的转型期,一切都在变化,司法概莫能外。在开放、透明、信息化的条件下,随着不同情绪的追逐和发酵,不同声音的质疑和关注,特别是舆论的深度跟踪和监督,司法衡平各方利益的难度越来越大,司法公正也日趋成为社会各界高度关注并持续推动的焦点性问题。一些案件、事件发生后,在舆论和各方的高度关注下,司法何去何从,备受关注,也让司法备感艰难。

司法与舆论,相互促进,抑或相互抵牾,确实"两难",特别是在快速变动的时期,这种关系更是磨砺着司法人员和媒体工作者的内心。一方面,执法司法不公、不廉,甚至贪赃枉法、徇私舞弊等还依然存在,司法腐败还时有所闻,民众对司法信任度也有待提高,这种情形下,舆论的介入为案件的公正处理提供了极佳的外界助力,也监督着司法人员严格公正廉洁高效处理各种纠纷。舆论监督的正面作用牵引着司法走向更加公平公正的道路。另一方面,舆论本身的局限或者一些从业人员的有意为之,在报道时对尚未处理的个案预先定性,有的甚至用"眩目"的标题煽动民众本已对司法不信任的脆弱神经,使得案件的处理压力剧增。特别是先入为主的观念,使得但凡处理结果与原先形成的大致印象不同,人们就纷纷猜测背后的缘由,腐败?人情案、关系案、金钱案?等等。久而久之,可能出现一种奇怪的逻辑,舆论热议的案件,司法处断与大家的评判差不多,这样才能平息"民愤"。于是,在某些案件中,虽然舆论公信和司法公信都不高,但人们宁可相信舆论,也不相信司法,这成就了舆论司法。

舆论的司法,即使有很多益处,但终归有一点需要明确:舆论该如何监督?换言之,舆论在发挥监督司法重大作用的同时,不免带来一些值得反思的场景:一些案件发生后,司法尚未有结论,或者说司法的结论还没来得及作出(办案总是需要一定时限的),舆论可能已经铺天盖地。案件的处理有个过程,具体的案情是什么,一开始往往难以说清,或者根据现有的证据只能得出大致的判断,此时轻下结论难免操之过急,更不合司法规律。而且,相对于司法办案来说,舆论可能更加感性,人也是更加同情弱者。民众的正义心会极度聚集在共同认定的弱势方,于是长期积累的情绪不知不觉中影响了客观、中立的判断,在呼吁真相的同时不免带上强烈的主观期待,这种期待和与之一起形成的强大舆论氛围很难不影响司法人员的处断。一些司法人员在处理重大案件时,尤其是社会高度关注的案件时必须"隔离",不去关注社会上的议论,不与外界接触,而是根据事实和法律本身作出处断,就有这方面的考虑,也可见其制度设计之精细。

当然,我们也必须强调,舆论客观报道的要求,有一个基本的前提——司法权的公正行使。司法和舆论的两难,不仅仅停留在理论层面上,实践中的博弈更加纠结。没有舆论的监督,一些司法不公不廉行为确实得不到纠正,尤其是在目前的转型阶段,人们呼吁加大对司法权运行的监督制约,此时即使是"过激"的监督,囿于人们对公正的渴望,也会被理解。换言之,为了"矫枉",允许"过正"。而且,在司法权相对强势,舆论监督受到各种制约还比较多,实践中发生一些"千里追捕"发帖者和以所谓"诽谤"起诉记者等光怪陆离事情的大背景下,人们对舆论作用的期望值更高,自然不会重视舆论不客观报道等存在的"微小"瑕疵。但瑕疵毕竟是瑕疵,实现司法和舆论的良性互动,不能忽略这些微小问题的解决,也正是一系列"小"问题的逐渐解决,最终才会形成整体性的和谐和融洽。

舆论的司法,司法受制于压力,即使想客观处断,最终难免受到舆论的影响而偏向大众的判断和追求。这并非否认舆论监督的作用,提出问题的关键是舆论该如何监督。当漫天的舆论到来之时,司法系统内部的关注度也自然上升,司法一线人员不可能不考虑这个案件处理出来的效果会如何?如果是结合法律、事实等来综合考量案件的处理,那么这种社会效果的思虑无可厚非,更值得赞赏。但是,不能不引起深思的是,为了迎合舆论的需要,满足一般民众的判断,司法人员把这种压力变成了案件处理中考虑如何满足民众需求的驱动,那么,不管如何表扬这种思维方式,总有一个致命的弱点存在——可能会损害司法真正的公平、公正。平一时民愤,不代表处理就是最合适的,哪怕这种处理也是某种程度上的依法办事。事实上,无论舆论司法还是司法舆论,考问的是制度的完善和司法、媒体从业者的良心。

司法的舆论,就是舆论监督司法时,应建立在尊重和信任司法的基础上,客观描述正在发生的事情。舆论在案件还没有调查清楚之前,不应给案件定性,或者对案件的处理进行预测。近年来,在发生一些事件、案件之后,媒体往往进行深度追踪和报道,有的还采访法学专家、教授等,对案件的定性进行评价。受过法科系统训练或者从事司法实务的人都明白,案件事实往往十分复杂,以浓缩出来的事实为依据进行判断,有时候与正在侦查的事实之间可能有些出入,过早的下结论显然不利于后续的司法处理。当结论已下,民意已成,在一些特殊的情况下,这些民意自觉不自觉就成为裹挟司法的重要因素。在更为特殊的情况下,有些案件在司法处断并无不当时,过度的关注也给案件的定性增加了难度。因为,从法律的角度上看,可能前后两个处理都合适,只是哪个处理在哪个阶段和哪种情形之下更合适一些而已。但是,从社会上看,即使前后两个处理都没有错,司法的权威和威信显然难以为继了。司法就是处理复杂的社会关系，很多事情没有唯一或者终局性的答案。对和错在司法品评中并非一清二楚，有什么样的证据和事实，才有什么样的对和错。

司法的舆论，当然不只是为了维护司法的权威。因为司法权威绝不通过舆论引导和宣传就能形成的。从根本上说，法律权威来自于法律正确实施进而确实能够实现公平和正义，来自于司法的功能和价值得到真正的实现。在司法希望得到舆论衷心支持的同时，如何构建一个公正、高效、权威的司法体系更为急迫。相信舆论而不相信司法，其实不是司法和舆论相互抵牾的产物，而是民众对司法的信任度是否足以抵挡其他方面的冲击。或者说，当对司法的信任不足以支撑民众的内心确信，那么任何一种舆论的导向都会使这种动摇朝着更加危险的境界发展。我们与其期望舆论更好地引导民众，不如在实现司法公正上下功夫。一个公正的司法，即使存在相应的误导，当最终判决作出时，很多质疑都会烟消云散，这既是司法权威的体现，也是舆论作用的彰显。案件要经得起历史、法律和民众的检验，说的正是这个道理。

简言之，转型期的中国，实现司法和舆论的良性互动，需要在"两难"中找到平衡。舆论的报道必须客观，或者更多的是描述已发生的事件，而不能对事件本身定性作过多的猜测和评价。司法在努力走向更加公正的同时，其运行必须克制，不能因为媒体稍有报道，就感到"不爽"，想方设法利用权力影响和干预舆论，有的甚至打击报复相关人员。

从舆论的司法走向司法的舆论，文字含义不同的背后是理念的差异、追求的不同。当然，当法律成为信仰，法治成为一种生活方式时，这些问题或许可以不必像今天这样来探讨。

我们相信舆论，也要相信司法。我们相信舆论司法，不如更相信司法舆论，这才是司法和舆论的双赢共赢。

法律监督应坚持力度、质量、效率和效果相统一

检察机关是宪法规定的国家法律监督机关，法律监督职责是检察机关的基本职责。由此，强化法律监督工作成为检察机关的基本工作，法律监督也成为检察机关促进社会和谐稳定、保护经济发展、保障和改善民生、维护社会公平正义的基本手段和根本方法。从另一个层面上说，社会和谐、经济发展、保障民生、公平正义等成为法律监督的价值取向和法律监督工作评价的终极标准。

实践中，在基本价值取向之下的另一个层次，即法律监督具体工作标准要求则应该明确。评价法律监督工作，在民生、和谐、公平、正义等目标之中，应该有一个相对成体系的衡量标准和工作要求。达到这些工作要求，意味着法律监督工作符合党和人民的要求，能够逐步

满足人民群众的司法需求，实现公平正义；而达不到这些工作要求，则说明检察机关的工作与党和人民的要求还有差距，应该强化法律监督的各方面工作。

从法律监督的根本目标和基本要求出发，要切实把党的路线、方针、政策落实到法律监督工作中去，就必须正确处理好法律监督的力度、质量、效率和效果的辩证关系，即衡量法律监督工作是否合格的可行标准应该是，是否把法律监督的力度、质量、效率和效果有机统一起来。

力度是基础。法律监督的力度是法律监督工作的基础，也是进一步深化法律监督工作的重要保证。力度要求的内涵很深刻，有广度、深度等工作内容，但主要体现在量上的工作要求，体现一定的工作数量。与当前人民群众对检察机关加大法律监督工作要求相比，没有相应的力度，即没有一定的工作量，难以说明检察机关履行好了监督职责。没有一定的办案规模，质量和效果没有太大意义。换言之，是否强化法律监督，首先在于是否行使好法律监督职权。如果没有相应的工作量，没有一定数量的具体监督工作事项作支撑，强调加强法律监督，只能是一句空话，是空气振动。因此，无论是何种检察职能，终归得有一定的办案量作为支撑，没有办案规模，强化监督的根基就难以夯实。

质量是关键。法律监督的质量是法律监督工作的核心和生命线，工作质量往往决定了工作的成败。质量主要是质上的评价，只有以质量作保证的力度，才能产生打击犯罪、保障人权、维护稳定、实现公正、促进和谐的作用。监督质量不好，层次不高，即便力度很大，那么效果也不会好，人民群众也不会放心和满意。努力提高监督质量，是强化法律监督、维护公平正义的必然要求。质和量是有机的整体，不能只注重数量而忽视质量，只有在一定量基础上狠抓质量，才能确保监督实效。"100-1=0"，有时候一个案件质量不到位，可能摧毁民众对检察机关所有办案情况的信任。没有质量，办案越多，失误可能就越多，对民众和检察机关本身的损害可能就越大。

效率是保障。法律监督效率是法律监督工作的一项重要指标，也是监督工作的保障，影响着监督力度、质量和效果。司法资源是稀缺、有限的，动用司法资源具有高昂成本。强调监督效率体现诉讼节约、经济原则，有利于减少人力、物力等司法资源的浪费。同时，监督效率关系着被监督对象处于不确定状态的期限长短，本质上影响法律对于事件的判断，从打击犯罪和保障人权，公正与效率角度出发，在保证监督质量前提下，狠抓监督效率是提高监督力度的重要方法，也是扩大社会效果的有效措施。从某种程度上说，效率本身就是力度、质量的体现。公正要实现，而且要快速实现。不能让民众在等待中加深对法律的质疑。

效果是根本。法律监督效果是力度和质量、效率的综合反映，也是开展监督工作的出发点和归宿点，更是人民群众评价检察机关法律监督工作的根本。监督效果不佳，就难以达到高质量、高层次的监督要求。效果是统筹的评价，监督工作在保障法律效果的同时，应正确贯彻相关政策的要求，克服就监督谈监督的狭隘观念，从法律教条主义、本本主义、经验主义等误区中走出来，树立大局观、全局观，强化社会责任意识，有机地兼顾监督工作的政治效果与社会效果，实现最佳监督效果。效果有时候是评价的根本，好的效果才能树立法律监督的权威，也才能让检察机关得到更多的认可。

统筹兼顾是做好工作的重要方法，也是强化法律监督科学有效的工作措施。在当前改革发展的关键阶段，处理这个时期的社会问题，强化对执法和司法的法律监督，必须统筹兼顾，做到力度、质量、效率和效果四方面的有机统一和协调发展，防止相互割裂、顾此失彼。要坚决克服简单化、片面化、理想化的工作倾向，纠正强调加大力度就片面追求数量、强调提高质量就减小工作力度、强调效率就不顾质量、强调效果就偏离事实法律或检察职能的做法，更好地发挥检察机关的监督作用，有效促进和谐稳定，服务经济发展，维护司法公正，实现公平正义。

慎言"同案不同判"

近年来,同案不同判,成为人们经常引用的一个热词,也成为批评一些司法不公不廉的重要依据和理由。为此,司法机关也积极构建了诸如案例指导制度、改革量刑程序等来解决这一问题。就当前的司法实践而言,在刑事案件中,如果事实基本相近(除却一些疑难复杂案件之间可能存在的差异),在定性上应该是相对"稳定"和"不变",罪名的差异性会有但较少。因此可以认为,同案不同判,其实更多的是指量刑上的差异,也即量刑上的不同(有些判决甚至大相径庭),由此也导致社会公众的不可接受和"愤怒"。特别是在当前,量刑规范化改革如火如荼,关于量刑的一些话题格外引人关注。应该认为,对那些在事实、情节、社会危害性等都大致相同的案件中,如果出现量刑上的重大差异,的确值得深思,也应该认真考问和查究背后的缘由。但是，即便对一个判决存在看法，即便是判决本身存在问题，即便是量刑存在差异，在阐释、反对甚至进行批驳时，应该"慎用"一个已经用了太多而又鲜有人质疑的理由——同案不同判。

公平公正，是司法的根本追求。司法，作为守护社会公平公正的最后一道防线，承载着大多数人的底线、希望和梦想，人们极其渴望在司法中找到最朴实、最基本、最原始的正义。于是，公平公正自然而然演化成相同的事情要相同地处理，相同的案件要有相同的结果。特别是目前个别地方司法不公不廉不严问题还比较突出的情况下，只要有案件处理的差异，就会出现一个奇怪的现象——个案的具体是非曲直被置之一边、少有关注，整体性司法不公的感观导致很多人借机进行情绪性宣泄。而这，恰恰证明了社会精英阶层、法学法律工作者引导全社会树立一个正确的对待判决的态度是何等的重要和必要。如果过多使用同案不同判，一旦司法实践中出现案件处理的不同，人们不会有案件本来就可能有不同处理的想法，更多的是想当然以司法腐败作为判断的理由，进而更加增大人们对司法的不信任和抨击。在对司法个案进行品评时，时代背景、各种缘由的判断十分重要。

同案同判，这种看似在追求公平公正的口号下可以大声疾呼的目标，事实上蕴含了很多逻辑上无法解释的漏洞。首先，何为同案？从哲学意义上说，如同世界上没有相同的两片叶子一样，世界上也不可能有两个相同的案件。每个案件的当事人、发生的时间、地点、区域，犯罪的动机、过程、结果以及对社会的影响都是不同的。案件情节大致相同不是

"同案"的标准,更不能作为"同判"的理由。正如考夫曼所言,诚然,对于相同的案件必须作出相同的判决。可是,"相同"是从来没有真正存在的……在真实里,永远只有或多或少,较大的相似性及不相似性。没有任何一个盗窃案件的情节会与另一件盗窃案件完全相同,没有任何人的实际行为能力或者责任能力与另一人相同,因为所有人无论是在认识、能力、性格、理解力及意志力等各方面皆不相同。所以,才需要司法者对个案进行综合考量后进行判断。其次,何为同判? 判决肯定是有差别的。从某种程度上说,不一样的判决是正常的,一样的判决反而是不正常的。很多时候,相同与相似之间缺乏逻辑上的明确界限,实质上刑法适用平等可能更多意味着两个案件在相似性上的关联,所以应该给予"大致差不多"的处理。案件不是物件,司法判决也非机械化生产的产品。司法的复杂、案件的不同使得受过专业训练的司法工作人员也必须努力在法律和事实之间寻找最佳的结合点,作出最合理的判断。因此,"同判"这个词本身就值得商榷,同判是否意味着大致的情节要有相同的判决结果呢? 如果是,那么,这种要求与司法个案的差异显然背道而驰。

从另一个角度上说,人们总是觉得类似案件应该有相同的判决,这无可厚非。但是,不同地区对相同或者相似的犯罪的量刑存在一定的区别,并不是异常现象,更不能认为这种现象"破坏了法制的统一性"。德国有学者言到,现在,人们已经不再看重地区间在量刑严厉程度上的差异。造成这种差异的原因部分与下列因素有关,即相同的犯罪行为在不同的法院管辖区域发生的频率并不相同,因此可以用一般预防的观念解释量刑实践中存在的差异。应该认为，即便是成文法国家，判决一致性的遵循并非在"同案同判"的理念下作出的，相反，在关注一致性的同时，更多关注的是具体个案中的差异，以更好地实现一般预防和特殊预防的目标。就我国而言，地域辽阔，人口众多，各地发展不平衡，这会极大影响不同地区的法官对所谓"相同"案件的违法性与有责性的评价，因而必然造成量刑上的差异，而这种差异，反而是真正的公平。

我们也可以进行换位思考，同案如果同判，就公平了吗？对犯罪嫌疑人或被告人而言，犯罪的理由、犯罪手段、犯罪结果等都不一样，一般预防和特殊预防在个案中应该有所平衡。一个犯罪嫌疑人在贫困地区盗窃 1000 元与在发达地区盗窃 1000 元，对社会的影响自然是不同的，不同地区的法官在法律幅度内作出不同的判决更是应该的。不能因为司法出现的不公而从"本质"意义上要求判决的"大一统"，要求同案同判。如果以此为理由，长此以往，会导致司法处断的简单化，不仅会扼杀判决本身的精彩和自由裁量原有的基本合理，更会扼杀法律实质意义上的公平公正。而且，基层司法机关受理几乎全部案件的 80%，从更深层次说，当前基层处在权力链的最底端，却直接承受民众关于权力滥用和腐败的几乎全部对立情绪。如果对一些判决在没有确切了解案件事实的情况下，就用同案不同判的理由，会极大挫伤基层司法机关的积极性和司法权威。

所以，对平等适用刑法的朴素要求，只是表明民众对公平公正的追求和立法者的态度，至于司法中是否符合刑法适用平等原则，不能仅仅作形式上的比较，而主要应当就个案是否实现分配的正义进行实质判断。实务中，即使不同被告人触犯了相同的罪名，其危害的结果也大致相同，但司法机关根据每个案件不同而对其进行不同量刑，不能简单地以"同案不同判"的理由来辩驳，也不能简单地认为判决违反刑法适用平等原则。与其要求同案同判，不如对当前量刑进行更深层次的梳理。可以说，在量刑上，观念比方法重要的多，不能简单地追求同类案件之间量刑的绝对平衡，而是应坚持责任主义观念，追求个案量刑综合平衡，以责任刑制约预防刑，把责任刑情节作为确定责任刑的根据，确立责任刑之后，预防刑就可以在责任刑点之下起作用，那么量刑的状况会有很大的改善，最终达到量刑结果的平衡，达到司法的公平公正。

当然，这样要求的前提是民众对司法的足够信任。在现今司法公信力还有待提高的情况下，一定程度上追求一致性判决有其历史背景和时代意义。只是我们更应该从未来发展角度来树立司法的本质要求，让正确的理念以正确的方式更加深入人心。

检察监督应注重维护司法权威

构建公正、高效、权威的社会主义司法制度，发挥司法维护公平正义的职能作用，这是现今司法改革的基本出发点。而中央及社会各界除了对维护公平正义的要求外，也希望政法机关为重要战略机遇期的顺利发展创造和谐稳定的社会环境和公正、高效、权威的法治环境，这一要求针对性明确、意义十分巨大，对检察职能的发挥提出了新的更高的要求。从宪法的角度上看，法律监督是检察机关的基本职能，无论是诉讼监督还是指控犯罪，都属于法律监督的范畴，但是实践中我们监督什么、如何监督，怎样监督才能维护司法权威，而不是以检察机关作用的发挥致使法院等机关司法声誉的减低，进而削弱整体司法权威，需要积极的探索和深入的思考。

司法权威立足于整体权威。当前，随着

社会的转型，各种社会矛盾更多的以诉讼形式进入司法领域，案件数量持续增加，新类型案件、疑难复杂案件和群体性纠纷不断出现，社会各界对检察机关法律监督的期望越来越高。但是，司法权威不是检察机关一家权威的提高，检察机关监督职能的发挥要以整体司法功能的发挥为基础，需要的是立足于中国法治实际，认识监督的目的、意义和措施，实现法治下司法处断的最终价值，并非以纯纠正法院、公安机关的错误来树立检察机关权威为目的。司法部门实际上是一荣俱荣、一损俱损。

  检察职能的发挥从根本上还是为了实现法治的目标。司法权威首先来自于对法律的尊重、信仰和服从，马季佛在《现代的国家》里阐述：法治是与政府方面的——特别是执政首领方面的——任何武断行为，绝对相反的……法治包含有这种条件：假如任何种类的行为是应受法律制裁的，无论其出于何人，他总是应该受这样的制裁的。司法权威其实是法治权威的影子，很难想象一个任意践踏司法权威的国家是一个民主和法治的国家。检察职能的发挥借力于司法权威，杠杆于法律监督，目的则是实现法治，维护公平、正义。这期间，监督职能的发挥、正义的实现需要依赖整个社会对法律权威的维护。乌尔比安说到，正义是给予每个人他应得的部分的这种坚定而永恒的愿望。这种愿望只有在司法权威的支撑下才能展现他最大的功能和价值。

  当然，充分发挥检察职能，维护司法权威要立足于中国的国情和现实。检察机关职能实现的目的是强化法律监督、维护公平正义，正义是什么？什么样的正义才是正义呢？金勇义在《中国与西方的法律观念》中说，中国传统思想中的"义"的概念，所强调的是道义上的"正当"，而在西方传统中"应当"或"正义"两概念所强调的则是法律权利。中国的"义"的概念注重人在社会生活中的道德功能，而西方的"正义"概念则注重社会生活中的法律功能。在有着悠久历史文化传统的中国，检察职能发挥需要浸入中国自身文化精髓。正义的维护、法治的实现，不仅是展示普遍的正义而且要实现个别的正义。

因此，何为维护公平正义，其实现首先在定义上即终极目标上要把握好。与西方不同，国人对公平、正义的定义有着自身的价值判断，此时的正义是否是理想中的正义，是否等同于西方国家所谓的正义，很有研究探讨的空间。

法律的生命不在于逻辑而在于经验，司法权威的维护、法治的展示是通过个案和司法机关职能的发挥而实现的，从另一个角度说，检察职能的充分发挥是实现司法权威的重要途径，而这其中检察官的作用则是检察职能实现的根基。美国著名的法律家和法学理论家卡多佐阐述了司法官员在司法过程正确行为的标准，逻辑、历史、习惯、效用以及为人们接受的正确行为的标准是一些独自或共同影响法律进步的力量，在某个具体的案件中，哪种力量将起支配作用，在很大程度上取决于将因此得以推进或损害的诸多社会利益的相对重要性或相对价值。因此，检察官处理个案时法律效果和社会效果的兼顾，刑事政策的执行，法治理念的深化都应立足于法治和公正、高效、权威司法目标的实现。

我们相信，通过一个个个案的处理，通过检察官和检察机关的行为，法律监督在彰显威信的同时也必然为司法带来更大的支持和权威。

两难，考验司法的衡平艺术

　　冤案，不仅伤害了无辜者及其亲属，而且伤害了国家法治的尊严和权威，伤害了人们对司法公正和公平正义的信念和信心。每一个冤错案件的纠正，都值得我们大书特书，值得我们欢声雀跃，值得我们向司法勇于纠错的精神致敬。而每一个冤错案件的背后，司法部门都应该怀着深深的自责和反省，反思造成冤错案件的原因，在纠错的同时更注重防错，不能让这种不能承受之"错"一演再演。错就是错，无论任何理由都不能改变这种错的性质。苍白的辩解，不如实在的行动。司法机关必须用敢于纠错的勇气和做法，真正让民众看到法治的进步和变化，感受到公平正义的阳光和温暖。

　　纠错、防错的同时，一个被人忽略却不得不认真思考的问题需要引起更多人的关注——如何弥补个案中被害者的感情和伤痛。我们在为纠正冤错案件叫好的同时，是否需要更多地关注被害人及其亲属的反应，是否应该给他们一个交代？大多数冤错案件随着时间流失，再侦查的可能性微乎其微，当被冤枉的"无辜者"清白时，那么谁是犯罪分子？谁应该为被害者负责？谁来弥补同样是可能失去亲人的被害者亲属的感情？这些，都需要我们深入思考。当社会和舆论的焦点都在关注"无辜者"时，很少有人真正关注被害者及其亲属的感情。或许，在目前的环境下，他们只有任凭命运的起伏和变化，等待着内心伤痛的消失，等待着无奈的结局。对个体而言，自我平衡和安慰或许可以做到。但对于国家而言，对于司法而言，必须在两者之间找到一个衡平点，让社会"正能量"均衡地普照到每一个人身上。法律是公平的，也应该做到公平。

司法本身就是一个衡平的艺术。当矛盾以案件的形式进入司法领域时，司法就是在矛盾头上"切一刀"，这公正的"一刀"切下去，让纠纷停止，还社会安定、平和的秩序，这是司法基本的功能。如果没有这样的终局性解决，那么社会上的矛盾或许永远存在而无法解决。同态复仇之所以被禁止，就是因为人类不能一直生活在无止境的不可预测中。换言之，国家有时候垄断权力的来源在于维护社会整体的安宁，否则，良好的秩序就无从谈起。司法这种特性的内在机理也要求其最大可能兼顾各方的利益，找到一种基本的衡平点。以刑事法为例，打击犯罪和保障人权的平衡就是其历史性难题。纵观各国，社会秩序不安定，人们渴望严惩犯罪行为时，天平总是偏向打击犯罪的一边，或者牺牲的代价就是保护人权的砝码降低了，个别的不正义被忽略了。而社会安定，犯罪减少的时候，天平自然偏向保障人权一方，些许的错误甚至瑕疵都不可容忍，人们宁愿错放，也决不允许错判，宁愿没有把犯罪分子抓住，也不能冤枉任何一个人。这种衡平，对司法而言，处在两难的境界。即便司法者小心翼翼地平衡天平的两边，可当法槌落下时，也很难都完全做到"一碗水"端平。

司法衡平的艺术，除了兼顾公正和效率，兼顾实体公正和程序公正外，很重要的一点必须兼顾传统和现代、吸收和借鉴、国情与外来经验等诸多难题。尤其是中国具有独特的文化传承基因，不顾及本国具体情况的制度设计和借鉴，很难生根发芽，有的甚至发生变异。事实上，传统是一种观念、思维、习惯和处事方式。乡规民约、习俗等是传统的典型表现，这些传统的合理性在于历史。法律传统是传统的分支，影响的不仅仅是司法官员的价值观和思维方式，更是民众的普遍情感，也因此制约着法律制度的发展方向和法律实践的历史走向。司法在处理案件时，不仅要考虑宁可错放、不可错杀的现代法治理念，但也不能忽略中国传统的杀人偿命、欠债还钱的一贯思维。我们在追寻公平正义的路上，要在遵循传统与追求现代价值之间找到恰当的妥协点，使传统不断被创新，创新逐渐演变成传统。而这种相互作用会引导我们走向本土特色的现代国家，司法的公平正义也将以我们更能接受的方式展现。

完全不出错的司法迄今为止尚未找到。司法在纠错中必须找到一条符合民众认可、符合传统文化、符合现代法治理念的道路。恶意、故意或者重大过失造成的冤案，必须纠正，必须问责。囿于司法自身特点，囿于真相难以查找，囿于人类认知能力有限等造成的过错，司法和民众都应该保持适度的"宽容"。事实上，在社会科学领域，在司法领域，人类在追求客观规律、追求真相的过程中，极易遇到模糊地带，在法律真相和事实真相争议中，我们不能理想化地"渴望"达到百分之百的还原事实真相。姑且不论发生后的事实如何还原，就是还原了，证据上的证明也难以完全断定是客观事实。就司法衡平的具体制度设计上，代表国家提起公诉也就不能完全取代被害人应有的诉讼权益。纠正冤假错案时，也应该更加关注如何对被害人及其家属给予救济和关怀。我们不能只关注纠正的结果，也应该重视被害人及其家属对犯罪者的"道义"和"精神"上谴责的需要。

法律领域与司法领域不同于经济等其他领域。司法肩负的是非常技术性的审查，判断的标准更多的是明确、具体的规则和社会习惯。司法虽不能不考虑社会效果，但也不能过分强调其他因素。司法的两难，也在于司法不应该过多承担司法之外的职责。司法处断案件需要考量政治效果、社会效果和法律效果，但这种考量应该严格控制在法律规则和法律要求之内。在法治建设充满建构主义色彩的道路上，司法要解决两难问题，必须秉持谦抑、审慎的原则。如同我们追求形式正义，容易机械地遵从于法律的规则逻辑而忽视裁判结果的善恶以及是否正义的价值判断，如果过分追求实体正义，囿于办案手段和技术水平以及其他原因，一些不当的做法比如追求百分之百真相也就有了更加合理的理由和存在的空间。因此，综合考虑司法实践现状，在一个面临多方面条件制约的法治环境里，制度调整和设计，司法的目标和行为，都只能追求相对合理。相对合理并不是抹杀司法追求公平正义的价值，而是在价值目标下一种正确指导实践的有效路径选择。或者说，两难之后，司法的衡平只能在相对合理的领域内，平衡打击犯罪和保障人权的价值冲突，平衡宁可错放与保护被害人利益之间的内在不一定能完全调和的抉择。

两难，制度设计和执行同样重要。虽然制度到底始于生成还是设计一直就有不同的看法。但我们可以明确知道，即便制度有了设计的源头，设计的理想和实践也存在着巨大的误差。以至于无论从高层，还是民间，都发出天下之事，不难于立法，而难以法之必行感慨。人类智慧的有限性决定了制度不会完全来自于客观规律的总结，在遇到模糊地带的时候，必然有一定的主观设计成分，这些设计如何实施就成了解决难题的关键。所以，把出现冤错案件归咎于制度原因，是一个有效并能及时获得认可的做法，可也是一种懒惰或者说不加思考的做法。制度设计的原因与制度执行原因并存，是两难境界的因素，但并非最终原因。从本质上说，两难是司法本身要做最后处断所必然蕴含的矛盾选择。破解这种矛盾，就是在理念上如何偏向一方。而这，不仅需要良好的制度，更需要全社会共同的法治信仰和价值目标，后者可能更加重要。

司法两难，源于价值两难；司法衡平，源于社会抉择。民众的期许无限，司法的处理有限。司法需要变革前行，我们的法治意识、法律素养、观念思维何尝不需要革新！

司法公信建设刻不容缓

加强司法公信建设,不断提高司法公信力,这对于坚持和完善中国特色社会主义司法制度,促进全面依法治国基本方略深入实施具有重大而深远的意义。没有公信的司法,对社会都是一种无言的伤害,人们解决纠纷的成本必然成倍地增加,且没有预期。因此,我们必须把司法公信建设摆在更加突出的位置,贯穿司法理念教育、司法规范化建设、司法能力素质建设、司法权运行监督制约等各个方面。

树立司法为民理念

理念是行动的先导,是实践的指南。有什么样的理念,就有什么样的行为。司法要有公信,首先必须在司法工作人员中强化正确的司法理念。只有司法工作人员牢固树立、始终践行以人为本、司法为民理念,司法才能有权威、有公信，群众也才能真正信任司法、尊重司法。为此，必须坚持不懈地加强正确的司法理念教育，着力解决特权思想、霸道作风、受利益驱动办案、滥用强制措施、违法扣押冻结款物等人民群众反映强烈的突出问题，着力整治庸懒散奢、冷硬横推、吃拿卡要等情况。特别是要拓展人民群众有序参与司法途径，健全专群结合工作机制，健全人民群众参与司法决策机制，完善人民审判员、人民监督员、专家咨询委员制度，探索对重大工作部署、重要司法解释公开征求意见制度。其中，十分关键的一点就是，健全人民群众评判司法工作机制，可以邀请人大代表、政协委员参加专项检查等活动，使代表为人民行使好知情权、监督权。同时，对司法机关而言，要完善和落实司法便民利民措施，建立民生服务热线等，简化办事程序，为群众提供便捷高效热情服务。尤其是要注重司法人文关怀，重视在司法工作中消除、减少群众对立情绪，重视帮助解决法度之外、情理之中的问题，进一步提高司法工作亲和力。

提升司法能力水平

司法公信源于公平公正司法。这就对司法工作者的能力素质提出了很高的要求。如果司法人员能力低下，水平有限，有法判不明，有理说不清，那么司法公信就无从谈起。现如今，民众对司法的要求越来越高，司法机关必须紧紧围绕提高司法公信力，切实加强思想政治建设和专业化、职业化建设，使司法人员的能力素质有一个根本性的飞跃。思想理论建设的作用不可忽视，如果思想上通了，那么，其他也会跟着改变。

因此，要注重加强司法机关思想理论建设，加强社会主义核心价值体系教育，着力提升司法人员适用法律能力、群众工作能力、维护社会公平正义能力和拒腐防变能力。当然，专业化建设是根本，要大力推进专业化建设，一方面，坚持人才优先发展思想，完善人才引进、培养使用、评价激励、流动配置等工作机制，造就规模宏大、素质优良、结构合理的专业人才队伍；另一方面，坚持大规模推进教育培训，以业务一线和基层司法人员为重点，分层分类全面开展任职资格、专项教育、专项业务、岗位技能培训，实现知识培训向能力培训转变。虽然近年来司法机关严把"进口关"，队伍结构有了较大改变，但包括职业信仰等在内的职业化仍是一个问题。要积极探索职业化建设，大力开展职业信仰、职业精神、职业道德教育，引导司法人员增强职业认同和职业荣誉感。要学习一些国家、地区的先进经验，根据新的形势发展变化，完善和落实司法人员职业准入、分类管理制度，实施司法官单独职务序列，制定司法辅助人员职务设置等配套规定，建立与司法职业特点相适应的职业保障制度，不断加强司法队伍职业化管理和保障水平。

推进司法规范化建设

规范司法行为，是保证司法公正、提升司法公信力的前提和基础。如果司法工作存在随意性和不规范，必然难以做到客观公正，更谈不上能得到人民群众的信赖和支持。因此，司法机关要按照推进权力运行规范化的要求，认真总结实践经验，坚持以规范司法促进公正司法。规范司法前提是有相应完善的制度，要全面整合、细化各项司法工作流程和司法行为规范，形成更加完备的司法规范体系，进一步提高司法规范化水平。特别是要针对容易发生问题的重点岗位和环节，进一步完善司法岗位职责规范、工作运行规范、质量保障规范、工作考评规范，确保权责明确、要求具体、管理到位、监督有效。当前，要避免冤假错案发生，就要注重从涉法信访、冤错案件、司法人员违法违纪案件等入手，分析司法不规范的突出问题，坚持严格公正廉洁司法与理性平和文明规范司法并重，规范自由裁量权的行使，完善办案责任制和案件评查机制，从源头上预防司法随意、粗放等问题。同时，如果不执行，或执行不到位，那再多的规范都是一句空话。要注重提高司法行为规范的执行力，通过司法信息化、督察、检查监督、司法人员执法档案等制度，加强对司法行为规范执行情况的监督检查，及时发现和纠正司法不规范的问题，确保各项司法行为规范真正落到实处。

健全司法权运行制约和监督体系

绝对的权力产生绝对的腐败。没有不受监督的权力，也没有不受监督的个人。司法要赢得公信，就必须加强对自身权力运行的制约和监督。只有坚持做到用制度管权管案管人，严格规范权力行使，确保按照法定权限和程序行使权力，司法权才能正确运行，司法也才能有公信。要加强对司法人员行使权力的监督，严格规范司法人员对外交往行为，建立防止利益冲突制度，建立廉政隐患摸排预警制度、重点岗位轮岗交流制度,完善司法人员违法违纪重大案件剖析和通报制度。特别是要完善内外部监督制约体系,一方面,加强内部监督制约,强化司法机关各业务部门之间的监督制约,强化上级司法机关的监督,坚决查究各类违法违纪特别是关系案、人情案、金钱案和司法腐败的案件;另一方面,推进司法权运行公开化,进一步完善司法公开制度,除法律规定保密的情况外,要把司法办案的依据、程序、流程和结果及时公之于众,确保司法权在阳光下运行。对于人民群众、社会舆论和网络舆情等反映的司法机关和司法人员存在问题的,要完善收集、查处、反馈等机制,真正把接受外部监督作为加强和改进工作的动力、作为评价司法工作的重要依据,从而赢得人民群众和社会各界的信任。

强化司法基本保障

当前,一些人民群众反映强烈、影响司法公信的行为,如违法扣押冻结款物等,与司法基本保障制度不健全有很大关系。尤其是修改完善后的法律对司法机关履行职责要求更高,司法机关工作量和办案成本也有增加,对司法基本保障提出了新的更高要求。如果保障不到位,这些行为从某种程度上也难以根本杜绝。要紧紧围绕政法经费保障体制改革的目标和要求,建立健全与司法职能特点相适应、全覆盖的司法经费保障体制和投资保障体制,构建经费保障、基础设施建设、科技装备建设、后勤保障服务"四位一体"的司法保障格局,努力形成科学、完备、高效的司法保障体系。基层司法机关是司法工作的基础,也是司法基本保障的难点。必须有针对性加强基层司法保障,针对中西部及贫困地区基层司法机关经费不足、装备落后的问题,完善落实各项公用经费、业务装备配备、基础设施建设标准,积极争取中央和省级财政支持,增加转移支付资金,加大对基层司法机关办公办案、教育培训、科技装备建设的支持力度。同时,要大力推进司法工作信息化建设,加强司法人员科技素能培养,加强对信息化建设与应用的统筹协调,努力以信息化引领司法工作现代化,推动司法公信体系建设。

  人无信难行,法无信不立。司法是解决社会纠纷的最后一道防线。司法公信,不单是司法机关的事,更是全社会的期盼和关注的重点。司法有公信,对个人而言都是有益的。司法没有公信,个人也都可能受到影响。所以,在渴望司法进步的今天,我们必须用心推动、促进司法公信建设。

理性对待无罪判决

当前，一些地方检察机关在进行案件质量考评时，经常以无罪判决率低甚至为零来述说自己的成绩，这种导向值得商榷。无罪判决，对检察官而言，当然不是一件好事，这一点在大陆法系国家应该都有同感。我们曾经在接待韩国检察官时，问及他们对无罪判决的看法，韩方的一名检察官听到此问题时，用右手捂住心口的手势和简单的语言——很心痛——来描述自己的看法。应该说，一名检察官，在自己的职业生涯中，当然不愿意承办的案件出现无罪判决的结果。但是，从司法公平正义等多种角度上看，应该认为，无罪判决也是彰显司法公正的一种方式，对待无罪判决，应该客观分析、理性看待。

从刑事司法断案的角度看，无罪是一种必然会出现的现象。不同于其他社会现象，刑事司法或者说刑事案件总是以已发生的事件为基础，司法人员处理的是发生过的事情。刑事诉讼过程其实就是不断在还原事实真相的过程，是通过一系列手段探寻案件发生的事实真相，并对实施犯罪行为的人予以处罚的过程。简单地说，就是查清事实真相。那么何为事实真相呢？判断的标准又是什么？我国现行刑事诉讼法对此的要求是犯罪事实清楚。至于何为犯罪事实清楚，没有确切论述。学界通常认为，所谓犯罪事实清楚，并不要求将案件的一切细节事实查明清楚，而是要求将对定罪量刑的具有决定性意义的基本事实查清楚，且从待证的事实来看，应该遵循客观真实和法律真实相结合。所谓客观真实，是指在诉讼中司法人员认定案件事实的结论符合案件事实的客观存在情况，即主观符合客观实际情况。所谓法律真实，是指在诉讼中事实裁判者根据法律所规定证明标准来确定真实和判定被告人是否犯罪。应该说，在某些条件下，还原客观事实几乎不可能，所以判断的标准应该将客观事实和法律真实有机结合起来。的确，从哲学意义上说，发生了的事实，由于时空已过，司法人员只能永远无限地接近真相，而不可能还原所有的事实真相。因此，在无法全部还原真相的情况下，对犯罪嫌疑人进行侦查、起诉等就有可能出现错误，这种错误从根源上说就是因为人们的认识能力有限，同时在一定的时间内又必须予以处理（各国刑事诉讼法对案件办理一般都有一定的时间限制）。这种"天然的因素"决定了在刑事司法过程中，不可能所有案件的办理都是正确的，错误在所难免。所以，从人类的认识能力和客观因素的角度上说，公诉的所有案件都必须是有罪是不可能也是不现实的。

　　从判决的角度分析，无罪判决不等于错案。根据现行的刑事诉讼法的规定，无罪判决有两种情况：一是依据法律认定被告人无罪的，应当作出无罪判决；二是证据不足，不能认定被告人有罪的，应当作出证据不足、指控犯罪不能成立的无罪判决。因此，即便是无罪判决，有的是本就无罪而错误办理的，有的可能是因为证据发生变化或证据不足等导致不能认定有罪。从前一种情况看，如果确定是无罪的而错误办理，那当然是错案。但从后一种情况看，有些在侦查、起诉时，根据现有的证据可以证明被告人有罪，但是在提起公诉后，由于证据发生变化，证明现有犯罪的证据不足，那么造成的无罪判决，就不一定都是错案。出现这种案件的原因，有些可能是公诉检察官疏忽大意或者办案不扎实等造成的，但有些是客观原因，如，证据本身发生重大变化，难以预料也无法预料等。这些情况下，无罪判决不代表公诉检察官办案是错误的，这一点，应该充分认识并进行评价。事实上，无罪判决是个客观问题。据一些学者介绍，在西方国家一般都存在30%左右的无罪判决案件。在我国澳门、香港特区和台湾地区，也有一定的无罪判决。这些国家和地区，出现无罪判决，公诉检察官一般不会受到舆论的指责，更没有受到处罚之说。整个社会对待无罪判决还是比较理性的。

　　从检察官的职能角色定位看，有罪、无罪都是维护公平正义的重要内容之一。司法的最终目的是实现公平正义，因此，公诉也是以维护公平正义为目标。公诉最基本的要求就是指控犯罪。一般认为，公诉权系基于国家对犯罪行为的刑罚权而产生的诉讼制度上的刑罚请求权，指控犯罪是公诉的基本职能。因此，公诉检察官在刑事诉讼中是控诉主体，代表国家和社会指控犯罪，是刑事审判程序的启动者，承担着打击犯罪的法定职责。但是，公诉的立场并不仅仅是指控犯罪，公诉检察官不仅仅表现为单纯的控告人，他还要通过指控犯罪来达到惩罚犯罪、保障人权、维护法律进而伸张正义这一更高层次的目标。正如民众期许：检察官必须出于法律的利益和公正的需要寻求客观真实，而不仅仅是为了"反对"被告人。从这一意义上说，公诉检察官在履行代表国家指控犯罪职能的同时，还担负着维护法律利益和公正的"客观义务"。检察官守护法律，使客观的法意旨贯通整个刑事诉讼程序，而所谓的客观法意旨，除了追诉犯罪之外，更重要的是保障人权。因此，指控犯罪，让有罪的人得到法律的惩处是检察官的职责；保护无辜，让无罪的人免受错误的追究也是检察官的职责。无罪判决，如果是对的，不能仅从工作角度去评价和把握，认为检察官错诉，而应该从尊重和保护人权、维护公平正义角度来评价，理性、客观、平和对待。

由此应该认为，必须理性看待无罪判决。对待无罪判决应持一种宽容的态度。公诉工作是一项风险性较大的工作，起诉本身就有风险。现行移送审查起诉的案件，不可能全部达到事实十分清楚，证据十分确实、充分的要求。不能认为出现无罪，检察官就有责任。当前，关键要健全和完善现行的案件质量评价体系和考核指标，建立科学、客观、合理的符合诉讼规律的评判机制，一方面约束检察官职权行使，防止乱办案、办错案;另一方面鼓励、引导检察官正确对待公诉结果,敢于办案、善于办案,坚持打击犯罪与保障人权并重,坚持指控犯罪与诉讼监督并重。总之,无罪判决是个问题,但出现无罪判决不一定都是检察官的问题。理性、公正地对待无罪判决,正确、客观地评价检察官的公诉行为,才能有助于推动检察工作科学发展,真正在检察工作中实现打击犯罪和保障人权并重。

理性对待无罪判决不仅是司法部门的工作评判标准,更是社会更加成熟的标志。当我们以正确的眼光看待司法时,给予司法更多的宽容,司法所能发挥的作用也会如我们所愿。

法是一种生活语法

很同意学者姚建宗的一句话，法治的精神意蕴在信仰——社会绝大多数成员所具有的一种对法的宗教般的虔诚而真挚的信仰。那么对一个没有现代法治文化传统而又在追求法治（现代意义）的国家，其法律如何才能得到人们的认可、遵守？这就让我想到了"法律是什么"这个话题。只有先熟知法律的内涵，方可理解法治的真意。

法律是什么？这正如哲学命题"我是谁"，是一个古老而又永恒的有着诱惑力的神秘话题。中国古语有云："灋，刑也，平之如水，从水；廌，所以触不直者去之，从去。"此解可知古之中国，法刑一体，法之公平、神明裁判意蕴其中。而观西人，有的把法看成是神的旨意，上帝的安排；有的认为法是人的理性，人类的精神产物；还有的把法看成社会的工具控制者等。当然，要给法一个概念性的描述，必须对法现象进行高度抽象与概括，且这种概括应具有最大的普适性。此外，我们只能基于现在存在的和已经存在的现象进行概括，不可能对应然和实然都做全面的考虑，而且这个概念要能揭示法的独特性与其他社会现象的区别。众生芸芸，各家甚多，百家言，百家谈，各为其说寻存在之理由，探合理之本原。这实质不过是为法之存在寻找一个合理的理由，一个坚实的根据；这本身就反映着法乃是人们生活的一种客观需要，人们所做的，不是从外在的方面为其寻找存在理由，而是从内在方面寻求其合法之根源。那么，法为何物？

法其实同其他社会制度一样，从一开始即具有极强的价值追求，因应人们的日常生活而形成的普适性规则。换言之，极同意这样的一个观点："法——不过是生活的语法。"分析这句话，可能要问何谓语法？何谓生活的语法？语法和法相似吗？具有可比喻性吗？其实这样的一个富有哲理的命题按这样的思路进行技术性的分析有可能损伤其本应蕴含的博大的宽广的喻意，因为量化的分析可能扼杀这一命题的内在逻辑性和哲学意蕴。但为了做一些粗浅的阐释，也只好按这个思路回答。为何把法说成生活语法呢？这并非简单的为了获得文学上的表述或仅是一时之兴，其理由是两者之间有一些内在的共性特征，且这样的理解可能有助于我们正确认识法的一些内涵。

法对之于生活具有强制性，语法对之于语言亦有强制力。就法在生活中作用而言，有专司的司法机构来负责实施，违法会招致相应的严厉制裁，而且是一种外在的物质性有形的不同于宗教道德的制裁。从古至今无论是人治下的"法治"，还是现代意义上的法治，所有的法（并非某一部具体的法律，广义的包括乡规民约）都是具有强制力的。法的强制性是法作为人们一种选择调控人类生活方式所固有的内在特点。没有了强制性，法就无法与道德等区分开来。同理，语法——这一语言的规则亦具有强制性。人们所受的教育使人们用学过的语法表达自己的观点。而如果不是按语法进行表述，人们是无法理解的。如哥白尼的学说不为人所理解是因为内容不为人所认同，而非不遵循语法，哥白尼的表达亦要遵循语法，要不人们有可能判断他的表达与当时的主流观点不一致吗？因此，这种强制力就是通过生活中的具体运用来实现的，如果一个人所表达的思想是不合语法（广义）的，那么他的思想很难被理解、接受。

相对于生活之法与相对于语言之语法，两者调整方向相似，都具有一般性。"理通则意明。"在论述法与语法都具有一般性上，道理如上面所述。我们都知道，在现在社会治理中，法是普遍适用的，它虽然有自己的调整方向，但并非针对具体的人和具体的事，这个从现实中法的存在形式可以看出。语法也不例外，没有哪个仅针对某一个句子而存在的规则能称之为语法。语法没有特定适用的具体个例，而仅是一般的普遍的适用。当然，一般也来自于个别，运用到一般的必然运用到个别。

法与语法的存在都具有相对稳定性。一例可观全局，白话文改革至今日，人们在日常的交流中一些基本的语法规则尚未有大的改观。对普通话而言，无论是北国之区抑或南方之地都在表达共同的可以理解的语言。这是因为有内在的共同的语法，共同的表达规则。在语言中具体语法诸如主、谓、宾等，具有长期的稳定性。法亦如此，它不像政策、命令那样较为频繁的变动。作为人类选择的一种规则自己生活的方式，法本身具有更加长远的稳定性，否则就失去了与政策、命令等一些其他治理方式的区别。

　　法的调控使生活有序，语法的应用使语言有章可寻。语法所具有的特性，绝非某一具体的语法的特点，而是它们的共性。语法是组织语言的基础，它本身作为语言的引导必定有一定的内在规律性，否则难以交流。如果没有一定的语法，人们将互相不理解对方组织某些语言文字的含义，人类的交流就无法完成。语法的运用使人类的交流有序地进行。相同的，对法而言，古罗马人用"只要有社会就会有法律"说明了人们生活中社会存在大量的法。无论是善法抑或恶法，它都使一定时期的社会更加有序，就如中国古代专制年代，皇帝在某些方面还要令行禁止，王子犯法与庶民同罪。即使是乱世，也要有一定的法来规制人类的生活。当然，这里的法是广义的，但法确实使一定范围的生活有序，只是其作用的程度不同而已。

　　从法与语法各自的起源上看，"后生性"是两者共有的特征。从人类历史发展的轨迹看，先有了简单的语言，而后有了复杂的语言，进而在语言中有了语法。在初民社会，人类尚未类型化语言时，所表述的思想仅是一般的简单交流，而后随着人类劳动，大脑不断发展，在语言的发展中渐渐形成了一些规律性的东西即语法。相似的，法的起源也是如此，法后于人类生活而存在，人类最初的交流所遵循的是一般习惯，并逐渐从习惯向习惯法过渡。随着人类的不断发展，无论是专制以法维持，还是法治依法而治，法作为一种统治手段已经相当普遍了。

从中我们可以看出，法其实同语言相类似，都具有"后生性"，都是基于各自的基础而存在。语法产生于人们对语言交流中所共同认同的规则性、引导性的东西，而法亦是人类的生活中由原来的一些习惯性东西和现实的需要经人类的创造发展而来的。其实，在这一点上我们亦可用反证。试想，没有语言哪来的语法，没有人们的生活、生存，法能存在吗？当然，就语法和法的比较而言，可能有更多方面的相似性。用技术性的分析手段来论证一个意蕴非凡的命题，受制于文字内涵的限制，原本具有十分丰富的命题可能无法阐释清楚。

由此可观之，法，其实就是一种生活的语法。当然，这文学性的描述背后有大量精干的事实支撑。为什么从无法到有法，从人治、神治到现今选择了法治？因为相比较而言，神意作为"生活语法"的年代，随人类智力的开发而不断遭到质疑；而选择人意作为"生活语法"的年代，人类遭受的成本是巨大的；因此人类选择了法治，由此可知法治并非最好的选择只是最可行的选择。当然，不可否认的是，在价值观念多元化，生活世俗化的今天，人选择了新的生活方式，用法来规制自己，法的作用也在一定程度上更加规范人类自己的追求。其实，法本来就是人类自己选择的一种规制自己生活的方式，犹如语法，语言的存在是其基础，生活的存在，才有法存在的基础。在初民社会，人们生活的规则或者说"语法"是神意、习惯，那时的选择有其历史必然性。时至今日，人们选择了法治来治理生活，生活的"语法"是法律，也是历史的必然。

公平、正义是法所追求的目标。然而现实的法律、法规等未必都是公平的。因此，当把法看作一种生活的语法时，人们在多大程度上可以自己选择这种"语法"就显得很重要。反之，各种隐性的不合法（如上面的例子）证明了把法看作生活语法的合理性，因为既然是一种生活的语法，人们就有可能选择自己的生活方式。就如科技有科技的语法（广义），数学有数学的语法，人类每一个共同体（具有共同的生活方式和态度）应该有自己的生活"语法"，这也是对现在法治的反思。

法如语法，人类作为群居生物，在规制自身生活的选择中，共同挑选了法治，这有其必然性。法治之路，犹如语言的多样性，总有不同的治道，并非完全西式语言"英语"才是唯一正确的选择，我们有着自己的独特传统，这必然造就了我们独特的法治道路。

"渴望"公正司法

公正司法,这个问题从未像今天这样受到关注,也从未像今天这样受到批评。这或缘于转型期人们对司法的太多期许,或因为司法工作、司法职能的发挥离民众的要求还有很大差距。无论如何,对于公正司法的重要性、紧迫性,毋庸置疑。以至于无论是高层,还是普通民众,对于公正司法是维护社会公平正义最后一道防线的判断和要求的想法高度一致。能否守住这道防线,关系的就不仅仅是司法机关的权威和司法公信力,更重要的是影响着民众对现有制度的判断和支持,影响着执政地位的巩固,影响着长治久安。

正因为公正司法受到如此的关注,正因为司法在我们国家承载了太多的期望,正因为人们总希望很多问题在这里能够彻底得到解决,所以,对于何为公正司法的判断就显得尤为重要。从某种意义上说,公正司法,既包括客观评价标准的司法处理的"正确",也包括当事人和公众对处理结果主观感受的"合理"。这种复杂的构成更增加了公正司法的内涵和外延,增加了理性判断的困难。司法实务中,妹妹伙同他人十分残忍地谋杀了姐姐,当司法机关要判处当事人极刑时,当事人的父母以死威胁,他们的理由很简单、想法很纯粹,已经失去了一个女儿,不能再失去一个。从公正司法角度上说,即便判决应该兼顾和考量各方面的诉求,对于犯故意杀人罪的判处极刑,在现有法律框架内并无不当。那么,对于这个案件,到底该如何处理?法律效果、社会效果如何兼顾?如果客观、审慎地处以极刑,或许当事人的父母可能走上极端的道路,社会舆论、普罗大众是否会认同这样的公正司法呢?如果囿于当事人父母的压力,进而从轻处断,是否以后只要有人"威胁"司法机关,司法部门就难以"严格"依法办案了呢?事实上,公正司法的这种"两难"不在于个案本身,不在于具体的某一件事,而在于深层次上社会、民众、司法工作者对法治、对司法的理解和价值评判是否一致,如何一致。

  客观上说,法律不该是冷冰冰的。一纸判决,如果仅仅能够给当事人简单的"正义",却无法解开当事人的"心结",案结事不了,也难以说是公正司法。特别是无视我们独特的文化传统和人文环境,单纯的机械执法、就案办案,不考虑国情,不研究实际情况,也许司法处断从法律上无可厚非,但是却难以实现真正意义上的公正司法。也正是囿于这个原因,这些年来,司法机关一直强调实现办案政治效果、社会效果和法律效果的有机统一。基于同样的理由，调解这一具有中国特色的司法模式在神州大地开花结果，引起了国内外的广泛关注。但是，结合具体案件的情况，我们其实不能不反思另外一个十分重要的问题——公正司法的"度"在何方。从目前我国司法人员、民众的法治意识、法治思维和法治素养，以及法治进程现状看，要做到每个案件都解开"心结"确实有一定难度。客观上说，也并是每个人都能"心平气和"地接受司法的判决，即便司法的处理是公平公正的。有的当事人只要输了官司，不管有没有道理，都会运用各种方式表达不满情绪。当然，心结难解，更多地有多方面的复杂原因，有的是法律本身不完善造成的，有的是证据缺失等使得司法机关不得不那样判决，有的是实体公正和程序公正难以兼顾使然，等等。法治本身并非十全十美，比如有些案件原告有理，但是证据不足，可能最后难以判定原告胜诉等，加上法的滞后性和一定程度的机械性，极有可能导致司法处断社会整体意义上的公正和具体个案上的不公。不管如何，这些都是法治可能付出的代价。

因此，渴望公正司法无可厚非，但不能给公正司法加之过多的要求。中国人历来讲究法、理、情相统一，希望在一个案件中达到三者的和谐。但是，有司法是因为有纠纷，有纠纷是因为人们有利益冲突，有利益冲突有时候就很难让所有人满意。所以，必须明确公正司法的内涵和要求，必须进行理性判断。就个案而言，法律本身就是协调社会各方面利益的产物，如果司法工作人员严格依法办事，无论结果如何，至少已经符合公正司法的基本条件。严格依法办案是公正司法的前提，这就要求我们绝不能牺牲法律的公平正义来换取当事人的满意。特别是在目前法治还不完善、民众对司法的信任还不高的情况下，强调依法办案更具有重要的意义。亦即公正司法有一个基本的前提，就是达到客观评价标准的司法处理的正确。这就是要做到，从专业角度看，案件经得起任何推敲。这也进一步意味着，即便是法律自由裁量范围内，也必须根据个案的是非曲直进行客观、全面的判断，不能过多考虑如何不让当事人"闹"，更不能为了害怕当事人"上访"而无原则的退让。

公正司法，也要考虑当事人和公众对判决结果的主观感受。换言之，在严格依法办案的前提下，在考虑法律效果的基础上，必须考虑政治效果、社会效果。如果一个案件严格按照法律的要求处理，而受到社会各界的一致谴责，那如果不是法律本身存在的漏洞，就是司法处理的过于坚硬。而如果在法律有自由裁量的范围，却仅机械地执行法律规定，进而导致民众的不满，这肯定是司法者的责任。政治效果、社会效果的考量不是要违背法律，而是要努力让社会更容易接受法律的公正裁决。在中国这样具有自己独特文化传统的国度里，法律和伦理是难分伯仲的，司法必须把法律和情、理结合起来。或者说，礼教伦常的积淀，注定了如今中国向法治社会的转型之难。在传统社会里，法与情难以区分开来，而现代法治社会中，法律和道德必有明确分野。但是，从传统社会向现代社会过渡中，完全依据现代社会法律的处置方式来处理案件，断然是实现不了民众期许的"公正司法"。这也是反复要提倡依法治国与以德治国、法治与德治有机统一的重要原因。

当然，公正司法的判断会随着民主法治的发展而有所改变。但这需要随着经济社会的发展，随着人们对法治和民主诉求的不断提高且不断显示法律的巨大作用后才会最终实现的。就目前现实而言，我们对公平正义的渴望被我们对自身发展的追求涵盖时，在一切以"前进"为目标的引导下，人们对公正司法的评判标准，或许带上了很多利益的烙印，也给司法工作增添了新的变量因素。不过这种环境在民众民主法治意识日益高涨的情况下，会逐渐得到改变。人们对法治的追求越来越会使公正司法的要求达到其应有的内涵。民众的助推、社会的发展，都有着必然的逻辑，这一点不是我们人为所能改变的。

总之，公正司法离不开对理性的判断，特别是离不开对法治的判断。而法治并非万能，法治只是人类自己选择的一种更有效的生活方式而已。之所以从无法到有法，从人治、神治到现今法治，是因为相比较而言，神意作为治理国家的基本手段的年代，随着人类智力的开发而不断遭到质疑；选择人意作为治理国家的基本手段的年代，人类遭受的成本是巨大的；因此，人类选择了法治。在价值观念多元化、生活世俗化的今天，公正司法必须暗合这一阶段人们对法治的理解，它不仅仅是严肃法律的彰显，更应该是生活温情的表现。

塑造尊崇法律的司法文化

中西文化和制度差异让我们一直思考中国传统文化与现代制度、法治理念、司法文化与法律思维之间的辩证关系。

理念,从本质上说是一种社会文化在具体行为中的体现。而从哲学意义上看,"理念"是一个深刻的哲学概念,是指事物的原型或者说事物的永恒形态,它是柏拉图、黑格尔哲学的核心概念。相对于现实物而言,理念是一种比较完美的、具有指导作用的价值形态,它是符合事物内在发展规律的观念、看法和思维。理念离不开文化的传承与吸收,在制度建设和发展中,理念不可避免地带有历史传承、民族地域、人物风情的烙印。

对于此问题,制度经济学有一些经典的概括,他们认为,任何制度的产生都是内生于所在社会的历史与文化传统之中,失去了这种土壤，就会出现"橘生淮南则为橘，橘生淮北则为枳"的结果。而文化人类学则认为，中国文化，尤其是儒家文化形成了一种文化基因，无论表层的物质文化与制度文化如何变化，我们的精神世界里，依然在信仰着儒家的价值观，依然遵循着一些无法抛弃的基本准则。

　　的确，儒家文化深刻地影响着我们的生活，无论自觉还是不自觉，我们生存的方式与发展的轨迹都深深印有自己民族的风格。现代西方价值观念冲击了我们的一些思维，但没有也无法从根本上改变已定的精神模式。要深刻理解中国特色的司法文化，首先要理解的就是中国独特的民族文化心理——儒家文化的影响。儒家文化价值观主要有三个层次：以和为贵，注重群体价值和统一意识；仁者爱人，主张人性本善、以仁为本；内圣外王，强调道德修养、重视自修自律。梁漱溟先生认为，儒家文化是伦理本位主义。个人对于集体、集体对于个人，互相以对方为重，是谓伦理本位主义。伦理本位云者，既非以个人为本位而轻集体，亦非以集体为本位而轻个人，而是在相互关系中彼此时时顾及对方，一反乎自我中心主义。此盖由人心通而不隔的自然情理。儒家文化价值观，是一个以仁为本的伦理体系，以仁为本，以礼为用，以和为贵，通过层层推演，达成和谐社会之目的。

　　正是由于中国自身文化的独特性，必须塑造借鉴中外法治文明发展成果的司法文化。这种司法文化的形成必须立足于中国的儒家文化，吸收其精髓，同时在现代法治观念的指导下构建一种现代司法精神。而这其中，首先必须塑造司法职业者信仰法律的司法文化，提升司法公信力。

一些案件发生后，人们经常把问题归结于制度不完善。事实上，我们的制度把关应该说十分严格，一个普通刑事案件，公、检、法三家进行了目标统一的审核，在强调案件质量的今天，这种层层把关可以达到司法维护公平正义的目的。然而，为何还会出现一些令人愤怒的个案处理不公呢？

有人经常说中国法制不完善导致了这些问题的出现。其实，原因并不全是因为法制不完善，而是我们法律得不到真正的实行，不是无法可依，而是有法不依，其骨子里还有一个重要原因：许多人不相信法律。如上所述，在一个具有独特深厚历史文化传统的国度里，很多人崇尚的并非法律，而是追逐一种低层次下自然法则。当人们不相信法律或者不相信法律能够为自己带来公正时，就会采取投机钻营甚至通过违法手段来寻求权力下的机遇、争取利益；这种个体"精明"的普遍化、群体化，必将造成整个社会运转成本的加大，最终损害的是每一个个体的根本利益。

因此，虽然我们追求法治的理想和实践都还十分短暂，现实中能以法律作为衡量一切行为指标的可能性还很小，但对于有志于中国法治进程的人而言，应该信仰法律。特别是那些深入中国法律实践的法律职业者，必须养成信仰法律的司法文化，他们执法司法理念的执着和坚持会慢慢推动法治巨轮不断前进。法治之路漫长而曲折，这种奋斗需要法律职业者们付出艰辛的努力，而不是靠等待和抱怨。综观国际社会，任何一个国家法治进程中，法律职业者都是功不可没。

司法文化离不开现代法律思维。塑造尊崇法律的司法文化、维护司法权威更需要现代法律思维。法律思维不同于政治思维、经济思维和文学思维。政治思维寻求政治上的效果；经济思维考虑的是利益的最大化，边际收益最大、边际成本最小是其追求的目标；文学思维带有浪漫主义色彩，或夸大或缩小地塑造生活的场景。而法律思维则不同，它的核心是在法治的目标、法律的要求之下以公平正义为价值追求的思维，在法律思维中为了追求公平正义的目标可能付出经济思维上不可估量的利益损失，但这是法治的代价和司法追求目标的成本。作为从事司法实践的法律职业家群体，法律思维是其基本的思维模式。

法律思维应注重稳定性。虽然一个社会的文化观念、思维模式会随着社会的变革而变化，但是，从公平正义的价值目标上看，以此为价值追求的法律思维应该在任何制度任何体制中都相同。时至今日，我们进入了全面建成小康社会的新时期，新的形势给法律职业者提出了新的要求，它期待我们在实际办案中，以最佳的社会效果和法律效果为标准，实现打击犯罪与保障人权的统一，实现法理情的统一。

刑法应该谦抑、再谦抑

现行刑法第1条开明宗义规定了刑法的目的——惩罚犯罪，保护人民。在这一目的下，提出了刑法的任务即用刑罚同一切犯罪行为作斗争，以保卫国家安全，保卫人民民主专政的政权和社会主义制度，保护国有财产和劳动群众集体所有的财产，保护公民私人所有的财产，保护公民的人身权利、民主权利和其他权利，维护社会秩序、经济秩序，保障社会主义建设事业的顺利进行。由此可见，刑法的目的、任务紧紧联系着制度、财产、权利、秩序等与人们生活息息相关的基础性保障体系。而这一切保障的最重要手段就是刑罚，这也是刑事法律不同于其他法律的根本之处。正如著名学者基斯特雅考夫斯基所述，在刑法里，第一把交椅无疑义的应属于刑罚，刑罚表现了刑法的灵魂与思想。如今，当一些社会问题受到很多人抨击的时候，往往就有将这些现象"归纳立罪"的情况，似乎刑法和刑罚是处理一些社会不公平现象的"万能钥匙"，这就不能不让人们对刑法的谦抑性再次进行思考。

德国著名学者耶林指出，刑罚如两刃之剑，用之不得其当，则国家与个人两受其害。基于这种对刑法功能二重性的科学认识，谦抑性就成为现代刑法追求的价值目标。在新自由主义法学理论语境中，谦抑性刑法是法治社会的一种基本要求。作为正当行为规则的谦抑性刑法并非刻意设计的而是自生自发的。私法视域中的刑法应与其他私法性质的法律在其所调整的社会关系有一个合理的范围界限，更应与政府指令性质的行为规则有明确的界分。谦抑性要求非犯罪化和轻刑化，非犯罪化有其深刻的知识论基础，而轻刑化的目的在于防止过度强制并应以刑事责任能力为基准把握刑罚尺度。日本刑法学家平野龙一认为，即使刑法侵害或威胁了他人的生活利益，也不是必须直接动用刑法。可能的话，采取其他社会统制手段才是理想的。同样，俄罗斯学者博斯霍洛夫强调，向犯罪开展的各种号召，实际上就是实施暴力和残酷行为的号召，然而暴力的回报只能是暴力，残酷行为的回报只能是残酷行为，不会有其他的回报，经历过刑事司法机关的人越多，我们成为健康社会的机会就越少。实际上刑法的作用手段就是实现法律的价值和目的，也亦即维护公平正义的法价值追求演化在刑事司法领域的基本元素。不论何种论述，刑法谦抑性的基本价值追求在于更好地实现打击犯罪和保护人权的统一，从而保证社会的稳定和法律价值追求的实现。

当然，现实依据的背后可以进行理论的进一步探讨，以更加有效地实现理想中的法律目标。洛克在其《政府论》明确指出，法律的目的是对受法律支配的一切人公正地运用法律，借以保护和救济无辜者。在刑事司法里，被害人是无辜的，理应受到法律的严格保护，同时，犯罪嫌疑人、被告人相对于强大的国家权力，也是弱势，甚至一些人是无辜的，应该通过各种形式予以保护。因此，刑法谦抑性的含义，不限于遏制那些建构论唯理主义者扩张性地滥用刑法调整宽泛社会关系以形构社会秩序的冲动，亦即遏制犯罪范围的扩张性认定趋向。谦抑性的内在要求是"刑罚与其严厉不如缓和"，亦即在刑事立法上，如果规定较轻的刑罚即可，就没有必要规定较重的刑罚；在刑事司法上，对于已经确定为犯罪的行为，如果适用较轻的刑罚即可，便没有必要适用较重的刑罚。这一理论的依据，也有深刻的论述，亦即"秩序是自由的保证，自由是秩序的根据"，"秩序有必然性的特点，而自由表面似乎是一种任性，但实质上是与必然性相联的理性"，"现代刑法的首要任务是维护个人自由"，进而认为"社会秩序离不开刑罚及类似强制措施的保护，但并不天然的需要刑法"。不过，抽象谈论自由与秩序之关系以说明刑罚限度的谦抑性，仍然无法充分说明刑法谦抑性的理想追求，尽管它一定程度上有益于人们轻刑化理念的生发。为此，有必要运用哈耶克对责任与自由之关系的分析为刑罚限度谦抑性的价值理念提供理论依据。

在运用哈耶克理论进行分析之前，我们应从功利主义角度分析刑法谦抑的客观要求。法经济学认为，刑罚作为对犯罪的惩治手段，需要一定的物质支撑，刑罚的适用是有一定成本的。刑事立法和司法需要投入大量的人力与物力，而刑事设施的维持更离不开一定的物质条件，例如监狱，就是国家权力（这里主要是指刑罚权）的一种物质体现。因此，刑罚抑制犯罪虽然可以产生积极的社会效益；但刑罚的这种社会效益的取得又不是无本万利的，需要一定社会成本的支出，这就存在一个刑罚资源的有效配置问题——即刑罚的效率问题。美国学者罗伯特·考特、托马斯·尤伦通过对刑罚的经济分析指出：最优化的威慑效应并不是铲除所有的犯罪，因为这样做的代价很高，而且社会效益会不断降低。政策制定者需要对有限的资源加以配置，争取以最少的成本实现威慑目标；也就是说力求有效率地实现这一目标。由此可以说，在刑法中，我们的宗旨意在使犯罪的直接和间接成本以及刑事审判制度的运转成本最小化。这一点，在有立法冲动的现实中，尤要多加注意。

　　回归到哈耶克的理论，一般而言，刑罚是一种强制，而强制是与自由紧密关联的、对应的两个概念。哈耶克把自由界定为这样一种状态："在社会中，一些人对另一些人的强制被减少到最低限度"，人们能免受他人"专断意志的强制"，或"独立于他人的专断意志"。而强制的含义"意指一人的环境或情境为他人所控制，以至于为了避免所谓的更大的危害，他被迫不能按自己的一贯计划行事，而只能服务于强制者的目的"。尽管强制并不可欲，然而强制并不能完全避免，因为"防止强制的方法只有依凭威胁使用强制之一途"。那么由谁行使这种"威胁使用强制权"?"自由社会处理此一问题的方法,是将行使强制之垄断权赋予国家,并全力把国家对这项权力的使用限制在下述场合,即它被要求制止私人采取强制行为的场合。"这是对国家行使刑罚权的恰当解释。对于国家行使刑罚权这一事实,理论界并无什么歧见,现在问题的焦点在于,何种刑罚(强制)才是可欲的?何以要倡导刑法的谦抑性?

　　回答上述问题,要从刑罚的目的说起,亦即通过刑罚目的的界定,以说明诸如生命刑、自由刑、财产刑、资格刑何以对应于不同性质的犯罪行为及其轻重标准、尺度的把握。最好的社会政策就是最好的刑事政策。刑罚应立足于社会对犯罪的调控程度以及社会的容忍底线。贝卡利亚早就提出,"刑罚的目的既不是要摧残折磨一个感知者,也不是要消除业已犯下的罪行",并认为"只要刑罚的恶果大于犯罪所带来的好处,刑罚就可以收到它的效果"。边沁认为,"应当根据每一种行为本身是能够增加还是减少与其利益相关的当事人的幸福这样一种趋向,来决定赞同还是反对这种行为"。贝卡利亚以否定句式对刑罚目的之洞见对刑罚目的的观念的确立以及轻刑化理念的培植当然不无裨益,然而他通过"恶果"与"好处"的标准以及边沁的"善""恶"标准则又于过简单化、功利化了刑罚的目的和尺度。当然,后来的行为经济分析主义者以经济学方法的计算结论对惩罚犯罪问题为司法者提供了精密细致的最优公共决策参考依据。然而,我们还是要对其意义表示怀疑,因为不同的刑罚目的,无论经济分析多么精确,也会有不同的结论。

　　哈耶克并没有针对性地论述刑罚目的,他只是在一般意义上原则地对强制的目的和限度作了概要说明。他认为,强制的目的在于为个人在无数的未来情势中"确定他们的行事规则",使个人能够遵循这种规则且使他能够"永不遭受强制"。因此,刑罚的目的既非报应,也非惩罚;既非改造,也非预防,也不是它们的统一。刑罚的目的的表述,在哈耶克新自由主义法学理论视野中,应这样表述:通过刑罚规则的确定,通过刑罚的适用,确认出一种规则,这种规则作为一种公域性知识,除非将自己置于这种规则的境遇之中,否则他不受刑罚制裁,并且他可以利用这种规则作为实现其个人目的的手段。在明确了这种刑罚规则的含义以及刑罚的目的以后,我们不难看出,刑罚的限度只要不为刑罚规则的确认者(立法者)和具体刑罚的适用者(司法者)用以实现非犯罪者本人利益的目标,那么,这种刑罚规则和刑罚的适用程度便是正义的、可欲的,个人能遵循并利用这种规则作为一种知识实现了其个人目的,则他就获得了这种规则所旨在保障和促进的自由。当然,一国之刑罚规则自有其历史传承性和习惯性特色,因为刑罚规则是一种否定性的、正义的、正当的行为规则,有其自生自发性和演化发展性。事实上,正如理查德·霍金斯所述,刑罚妥当与否,只能依据刑罚作为维护社会秩序的工具、实施它的可能效果来评价。如果实施刑罚的结果表明它具有促进社会利益的效果它就是适当;否则就是不妥。

由此,我们可以得出,刑法谦抑性要求在现代社会,刑罚要实现轻刑化。刑罚这一强制行动是对个人自由的限制,由于施以强制的目的在于确保个人在一般意义上在实现个人目的时能够充分运用自己的特定知识而避免遭受强制（刑罚）的不利后果。因此，轻刑化所要说明的是传统刑罚这一强制规则相对于能够确保个人能够避免这种强制而言，显得过于严厉，抑或超出了他的责任能力。那么，刑罚的限度只要调整在一般意义上的人在行动过程中能够避免陷入刑罚制裁的程度，刑罚便是妥适的。如何使得刑罚制裁在实现维护刑罚规则被普遍地遵循而不失谦抑性，哈耶克并未具体述及如何确立这种技术化、精确化标准及其内容。不过，哈耶克关于课以责任的本质的洞见，对于这类标准之确立仍是具有指导性意义的。"课以责任，因此也就预设了人具有采取理性行动的能力，而课以责任的目的则在于使他们的行动比他们在不具责任的情况下更具理性。"据此，被处以刑罚的个体，是一个被视作具有刑事责任能力的个体，刑罚的轻重是对应与行为人之理性行动能力的，亦即刑事责任能力。刑法的紧缩性、补充性、经济性、有限性和宽容性决定了刑法应当谦抑，而谦抑的要求包括犯罪设定范围的谦抑和刑罚程度的谦抑，在刑法典已成的基础上，轻刑化，刑罚程度的谦抑无疑是一个最好的选择。

　　刑法的目标在于实现公正，公正性是刑法的首要价值，刑法涉及对公民的生杀予夺，因而公正性更是它的生命，更值得我们重视。公正作为刑法的首要价值，意味着刑法中的一切问题都应当让位于公正性。法应当具有公正性。然而，刑法的谦抑性具有限制机能，在现代法治社会，这是刑法应有的价值蕴含，而且从某种意义上说刑法的谦抑蕴涵着丰富的公正取向，是在衡量效率与公平的基础上实现公正的最佳追求。正如著名学者陈兴良所言，法律不仅仅是解决纠纷，而且通过解决纠纷对未来的法律生活产生示范的效应。法律不单纯是字面的内容，更立足于背后的法律文化和历史传统，我国刑法虽然存在着传统刑法文化的影响，但主要还是从西方引入的，从原则到概念，从内容到体系，基本如此。在这种中国传统的刑法文化与西方引入的刑法文化的交汇中，我们始终应立足于我国法治建设的现实，唯有如此，才能使刑法理论在我国刑事法治的建设中发挥应有的作用。

刑法的谦抑、谦抑的刑罚，是一个社会成熟的标志。社会治理能力和治理手段不足，不能成为任何事都运用刑法和刑罚的理由。我们在呼吁对一些行为进行严惩的同时，不能只想着刑法、刑罚，更应该关注如何运用其他有效的方法加以治理，这样才能成就刑法的目的、刑罚的价值。这样的社会也才是平和的社会。

边界司法的司法边界

或许缘于是维护社会公平正义的最后一道防线,司法从未像今天这样受到关注、质疑和反思,也从未像目前这样承载着很多本来可以不用由司法承担的功能。一些社会矛盾尤其是深层次矛盾以案件等不同形式进入司法领域,使得司法定分止争的价值和功能不仅仅体现在个案处理的公平公正上,更多的是如何实现这一时期人们预想和需要的社会效果和法律效果的统一。于是,司法不得不在本身的功能和承载的期盼中步履蹒跚,在精英判断和民众诉求中取得衡平,在"两难"中踯躅前行。

边界司法,是因为转型期的中国处于大变动的边界。这个时期,各种社会矛盾异常复杂,人们的诉求多种多样,价值观念多元多变,对司法处理是否公正的判断观点各异,对进入司法领域案件的处理预期林林总总,如果处断与现实差距较大，那么无论是否"有理"，对司法自然难以认可。这个时期，司法本身也在完善和变动之中，也在向更加合理的制度迈步和靠近之中，也在"破茧化蝶"的成长之中。与此相对应的是，即便是健全的现代司法制度，在百年未有之大变局的历史背景下，都不一定能够承担起大家期望的"定分止争"功能，何况是本身也处于"成长期"的司法呢？而这一切，如果加上司法还存在的诸如不严格、不公正、不文明、不廉洁等情况，还存在民众痛恨的司法腐败、司法不公、司法专横等问题，则任何质疑都预先有理了，任何不满在很大程度上都被认为是无可厚非的。一言以蔽之，社会螺旋式上升之前的边界，司法必然承受着不能承担之重。

司法之重，司法之痛，不在司法本身，而在社会需要什么样的司法，国家构建了怎样的司法，司法从业者又是否具备了应有的素质。一方面，有些司法个案的处断，就是普通人本着自己的良心都能判断出是否公允，而司法处理的结果却出现了让社会集体"愤慨"的程度，司法从业者的职业素质、职业道德、职业精神、职业良心荡然无存。另一方面，也存在司法无论如何处理，总是难以平息由于诸多不满积攒而导致民众对其的普遍不信任，司法的公信力始终在低位徘徊，特别是基层司法机关，处于权力链的末端，却承担者民众对司法不公的怨恨。司法个案的每一次受关注，抑或司法系统出现的一些情形，总是社会各方的聚焦点。这种关注和聚焦包含了人们对自己可能遭受的境遇的深切关注，也投射了社会变动时期各种复杂因素相互交织的缩影。从中，我们可以看出司法的"两难",既要承担维护公平正义的期许,却又承担不了这样的重任。司法"两难",难就难在承载着太多的期望和追求,却又无力实现;难也难在司法只能是最后一道防线,但不是之前所有问题都堆积过来,却要靠这道防线来固守;难还难在司法仅仅是一个不能常用或者说最终才不得不用的手段,却成了维系和推动社会运转的最关键齿轮。

司法虽"两难",但司法有边界,这条边界就是司法必须固守的公平公正。面对转型期的社会需求,边界司法绝不能突破司法边界。如果突破这一步,任司法不公不廉随意横流,必然陷入万丈深渊;固守这条底线,让司法回归权力设立的本源,才能真正撑起正义的蓝天。当然,理想归理想,我们还得把目光对准现实,对准一些不常见却影响深远的问题。现今,一些突破司法边界的情形时有发生,司法公正成了民众最关心的问题之一。这些突破边界的司法行为,其缘由除了司法从业者的腐败外,更可悲的是法律职业精神的丧失——即为了迎合所谓"大众"的要求,迎合人们的关注,迎合平息众怒的期待,而对违法者处以超出法律应有的重责。特别在普遍同情弱者的情况下,对有些案件的处理过于迁就大众的态度,而违背了法律的信仰,这不能不令人反思。且这种处理因为有了所谓的多数人的正义,极大地抵消了个案中对犯罪者的非正义。久而久之,这种逞一时之快的"报复"会被认为正常,而没有人关注司法应该有什么样的态度,仿佛只要人人喊打,而你打了,这种打就是司法的职责,就是法律的"良心"。事实上,以微博、微信等代表的自媒体已经把我们带入一个群体传播的新时代,特别是有些病毒式、指数式、核爆炸式的群体传播，传播的不是准确、客观、完整的事件信息，而是一种情绪，一种不满，一种发泄。此时的"舆论"不一定是事实上多数人意见的集合，而有可能是感觉上多数意见的汇总；不一定是大多数民众的期许，而可能仅仅是有话语权人的公开发声。

舆论监督的作用从来不能否认，甚至可以认为舆论的监督和支持是司法走向公平公正的一个最重要的保障，但我们必须始终坚持——司法不能被民意裹挟，更不能被舆论左右，这也是司法者必须守住的司法边界。舆论为可能是真正的弱者也可能是"演员"的弱者追逐了本不应该得到的权利的同时，也可能伤害了另一方。当然，这并不是为司法辩护，事实上司法腐败可能更加令人痛恨。但是，尽管再痛恨司法腐败，却不能不为处于司法处理对象的当事人（哪怕是犯罪人）考虑。保障人权不仅要保护受到伤害的人，也要给伤害他人的人一个基本的尊重。犯罪者虽坏，但处理坏人也必须有严格的遵循，不能因为大众的批判而给予其超出法律规定的处罚范畴。虽然在转型阶段，人们呼吁加大对司法运行的监督制约，此时即便是"过激"的监督，囿于人们对公正的渴望也会被理解，为了"矫枉"，允许"过正"。但是，对已经偏离轨道的权力运行，就不能用另一种偏离来纠正，否则，我们永远无法在正轨上行走。

边界上行走的司法，固守司法的边界，这给司法者提出了很高的要求，而其中很关键的一条是司法者必须有担当。囿于现在执法环境的复杂，司法者除了要担当法律上的执法责任外，很可能要承担一些超出职能的外在压力。比如，当社会各界和舆论高度关注或者对一些案件已经形成了集体倾向性意见时，如何敢于、善于坚持司法底线，真正做到公平公正，就是一个极大的考验。客观上，社会高度关注的案件，或者在没有全面、详细了解案件情形下而形成的"集体预判"会对司法者产生巨大的影响，使其在案件处理时必须衡量案件处理如果与多数人意见不一致可能导致的后果。这种压力下，从功利主义的选择出发，司法者会更多地顺从、偏向大多数人的意见，从而消弭大家对个案处断的质疑，达到大多数人的预期，使案件的"社会效果"很好。但这并非是正常的处断结果，并非是有无社会关注都会这样处理的合适结果。甚至有的情况下，因为有了诸多关注，就直接在自由裁量空间里顶格处理。此时，司法者的处断虽没有错，但也未必合理；虽现时挑不出很大的毛病，但未必经得住历史和未来的考验。没有担当而屈从于所谓多数人的意见作出的处理一时可能"风平浪静"，但终究不能持久，终究会让司法蒙上些许污垢。

无论何时何地、何情何景，司法边界就是司法和司法者都应固守公平公正这一价值追求。坚守法律的精神而处断的案件，即使一时得不到普遍理解，终归会得到历史和人民的公正评价；而违背法律的原则而作出的判决，即使让人暂时"解恨"，却难以经受住时间老人的岁月敲打。让民众在司法机关办理的每一起案件中都能感受到公平正义，这既是司法的目标，也是司法的边界，不仅需要司法者的智慧和谋略，更需要司法者的责任和担当。

从司法理性走向理性司法

作为社会科学领域一个十分重要的基础性概念,"理性"本身就很理性。因为理性,人类从古代文明走向现代文明,从现代文明走向未来更高级别的文明。人类通过对现存世界的感知出发,经过不断的实践积累,实现了对感性认识的超越和发展,达到了理性的境界。人们在实践生活中通过抽象思维、辩证思维,使认识世界、改造世界的理性从一个高度迈向另一个高度。这种理性,实质上是人类在对现实生活和自我情况进行观念性改造、理论性概括、经验性总结的反思和批判中形成了对自我和世界的一种自觉而又传承的规范意识和认识。

与自然科学不同,社会科学里法学被认为应该是最理性的学科,这缘于法律的价值、目的、所要发挥的功能和正在发挥的作用。法者,定分止争也。社会、当事人的争议到此终结,让变动的社会和纠纷有一个基本稳定的期待和解决。因此,古今中外,法律历来被认为必须是理性的,而且是最应该理性的。法律的理性实际上更多是通过司法理性来体现的。因为即便是同样执行法律,执法与司法不同,司法的被动性、中立性被广为传颂,其缘由在于司法是社会公平正义的最后一道防线。司法理性的内在属性和要求,对司法的功能、价值、定位、作用发挥的方式具有十分重要的导向作用。不同于文学思维或夸大或缩小生活的浪漫主义色彩,不同于政治思维寻求政治上的最佳效果而有可能牺牲公平效率的取向,不同于经济思维边际收益最大、边际成本最小的追求和考量,司法理性体现了法律思维、法治思维,体现了为维护公平正义而可以达到近乎极限的追求和价值。

如同海涅所言,照耀人唯一的灯是理性。司法理性,要求我们在司法实践中从感性走向理性,从情感性司法走向把理性和办案实践联系起来的司法。立足人的社会实践性去辩证地看人的理性与感性之间的辩证统一关系。理性具有实践性、历史性、主体性、主观抽象性及与此相联系的相对性和不足性。从司法理性到理性司法,本质上是从认识到实践的一种飞跃,是从观念到行动的一种蜕变。司法理性更多的是从认识论的角度阐述司法本身的特性,而理性司法则要求我们以理性思维正确认识和把握司法中的各种辩证关系,对司法办案的有关问题进行观察、比较、分析、判断并作出处理,以实现司法的价值和目的。自古以来,立法易,司法难,从司法理性到理性司法,就是从认知到实践,从价值追求到目标实现,从文字上的理性落实到行动中的理性,从人类观念中的理性过渡、飞跃到现实中的理性。

理性的意义在于对自身存在及超出自身却与生俱来的社会使命负责。检察机关的司法办案,实际上是代表国家实施法律和监督法律实施的一种社会实践活动,担负着特殊的责任,承担着特殊的使命。这就要求我们不能停留在司法理性的认知层面,而要立足于满足新时代人民群众在民主、法治、公平、正义、安全、环境等方面更高层次、更高水准的新要求,从司法理性走向理性司法。在办案中,我们要把理性司法作为根本性原则,按照事物发展的规律、案件的客观要求、自然演变的原则来考虑问题,不能仅凭感觉办案,不能就事论事,不能简单机械司法,而是从更好实现宪法法律赋予检察机关的使命出发,依据法律和政策选择最为恰当的处理方式,努力追求办案的最优效果。

法之下,情有度。理性司法,必须把握好天理、国法、人情。古今中外,法律适用上,法、理、情都是司法官员在办案中必须斟酌衡量的最重要因素。法律不外乎人情,中国古代允许官员一定程度上根据儒家释义来适用法律,根本上说也是如此。一些至今仍被民众所津津乐道的司法处断,很多就是根据常理、伦理、道德而作出的,所谓春秋决狱就是明证。如果法律的处断背离了常人的思维,背离了一般人的价值观,背离普罗大众的认知,那即便是所谓的"理性"处理,也并非理性司法应有之义。媒体热议的一些匪夷所思的案例包括近年来社会热炒的一些案件,正是源于此。与此同时,法律不能止于人情。法律本身就是理性认识的产物，法律的理性延伸了司法理性，法律的理性可能带有机械的成分而一定程度上难以为人情所期待，但是从历史的变动和时光的流逝中，最终将证明法律的理性是人类超越情感而又合乎情理的最佳选择。即使后续的情理判断颠覆了之前的理性处理，也要立足当时的时空、场所、条件进行衡量。

理念是理性的前提。理性司法，必须把握好政治效果、社会效果、法律效果"三个效果"的有机统一，把握好度、变、合。所谓度，就是司法人员裁量权的点，这个点就是感性认识和理性认识的最佳着力处。政治与法律、规则相伴相生，这个点也就是考虑政治因素后的最佳处断。媒体、舆论和社会关注，本身就是政治。所以理性司法者，不会简单、单纯地依据所谓干瘪的法律条文作出判断，其背后必然考虑法条的原意和事实的情况，这本身就蕴含了政治上的考量。所谓变，就是不能过于拘泥于法条的用语和常规理解，更多地必须衡量语言的时代内涵，找准常人的理解、常识性认知与法的正义追求之间的结合处，既不脱离常识认识，又引领社会认知和社会判断。所谓合，就是法律与法律之间、法律与道德之间达到内在的契合，法律是最低的道德，但也是最高的底线。理性司法，必须在法与法之间找到平衡，也必须在社会基本认知上能够获取最广泛程度上的认可。

法律是静态也是动态的，司法是固定也是有空间的。理性司法，从根本上说就是在法律赋予裁量决断的空间内，在对案件本质把握的基础上，用理性的灯塔指引我们的思维和行动，作出客观公正的处断。而当我们的理性和感情完全一致的时候，良心、法治的声音就会占据主流和主导地位，理性司法的光芒也将引领我们走向公平正义。

法治本就是人类理性的选择和产物，理性司法是法治的内在本意。在全面依法治国的今天，迈向理性司法的脚步能停下吗？

精英的智慧，平民的语言

在普通民众眼里，偷和骗也许不会有太大的混淆，也不会有太多的误解。但是如果这一判断放在法律上，则两者之间的区别在某些情况下就不是那么明显了。比如，一人在选购金银首饰时，对售货员诈称旁边有顾客需要售货员帮助，待其离开后，将首饰放入怀中离开商场。这样一个简单的事实，在司法实务中，认定是诈骗还是盗窃众说纷纭，但在普通民众眼中，这是偷还是骗，可能不会有很大的分歧。当然，该案如何定罪并不是我们探讨的重点，引发思考的是，在我们往法治之路迈进的过程中，法律用语及其解释应该是大众化、通俗化还是学究化、精英化？

抽象层面上，法律是一门艺术，法律内在的追求是公平、正义、自由、平等，等等；具体层面上，法律其实就是人类经过漫长过程后，选择的一种更好的生活方式,是人们生活的基本规则。这样不可避免的要明确这样一个事实,即法律必须让普通人明白,规则必须让一般人理解。人的教育、经历不同,知识、文化层次不同,对法律用语及其背后的含义理解也肯定不一样。但是,作为一种调控人们生活方式的规则,法律应该——确切地说——一定要让普通民众能够理解、知道、明白。因此,法律用语、法律语言、法言法语,首先应该是一种平民用语、平民语言。

姑且不论个别人拼命地把法律鼓吹得神乎其神,似乎法律"高贵"得让人应该仰视、再仰视,就谈对有些法律条文、语言的运用和解释,着实让人有一种雾里看花的感觉。如,信用卡诈骗,刑法规定信用卡是可以"恶意透支的",而通过一些解释,将信用卡的范围予以扩大,这种扩大似乎能够解决司法实践中的某些问题,可是,从另一个角度上讲,这何尝不是一个失败呢?它让大多数人不明白,为什么普通的借记卡就是刑法意义上的信用卡,当然,非得说法律上的含义就是与民众一般意义上的理解不一致,那另当别论。一般概念或者说是通俗理解的概念,就这样被一些对含义和法律条文的解释而赋予了另一种概念,而在赋予概念的同时,如果普通民众显示出对此种法律的不理解,很可能会被认为是缺乏法律素养,对法律无知!

很难理解,究竟是法律本身被解释得不好,还是一般民众不懂法?是我们应该以平民化语言阐释法律,以让一般人能够理解为好,还是法律语言只须能够让被冠以"精英"之名的人理解为好?这些问题无须回答。事实上，我们只要弄清楚一个道理就可以：如果制定的法律让一般人不明白、不理解，改变了人们通常的语言含义，那么，这是立法、法解释的失败，还是民众的无知呢？法律原则、法律原理以及在此基础上法律制度的设计也许十分精妙，但是，这些制度外在的语言表达应该是简单而明了的，即运用通俗、常见的语言——平民语言。当然，这需要高超的立法技巧和深奥、渊博的学识。事实上，法律的"平民语言"背后是"精英智慧"，所谓深入浅出亦即如此。

一流、顶尖的经济学家、法学家总是能用直白的、朴实的、平民化的语言阐释高深、晦涩的经济学、法学原理，那是因为他们真正掌握这一学科的精髓，学识渊博、才华横溢。相反，有一些自以为学富五车、才高八斗的人，总是用一些深奥的词来解释和表达法律，俨然自己是个大学问家。于是，我们经常的可以"邂逅"很多生词——甚至于是从来没有见过、语法上讲不通的词——很多不伦不类的法律语言，很多让人一头雾水的解释和语言。运用这些素未谋面、素昧平生的所谓"精英语言"来解释和论证法律，其实更加体现了智慧不足。

某种层面上说，法律很复杂。因为人最复杂的无非是自己的思想和因需要一起共同生活在一定环境里而制定的规则。也因此，作为一种规则，法律就这样被不同的利益要求不同程度地进行制定、修改和完善，可以说，法律是社会精英智慧的结晶。但是，从另一层面上看，法律又很简单，法律需要很简单的表达。这种简单要让法律调控范围的人们都明白，法律是如何规定的，法律赋予我们的权利是什么、要求我们履行的义务又是什么。简单地说，就是法律的语言应该是平民化的，应该是大众化而非小众化，应该简单、朴实、明了。

语言是人类交流的工具，法律语言也无非是人与人之间选择一种治理方式后的外在表达而已，没有必要过于矫情，更没必要过于深奥。生活中，一些法律人或者自诩为"法律人"的人，总是喜欢用一些看起来很"玄"、很"炫"、很"精英"的词语来阐释本应该简单一点的法律，这看似是对法律研究的深化，其实是一种倒退。在法律从感性逐渐理性，法律研究从注释法学向研究法学转变的过程中，在精英智慧的引领下，用平民的语言来阐述和诠释法律，这或许应该成为法律人的共同追求。

诉讼推动法治

法治之路漫长而曲折。特别是对一个拥有几千年独特文化传统的国家而言，法治之路更加艰辛，这有其历史和现实的种种原因。但不可否认的是，其中有一个重要的原因是我们缺乏诉讼的胆识和勇气。简单一句话：怕打官司。中国有句俗语：一字入公门，九牛拔不出。感慨的是诉讼的难度，打官司的离奇和曲折。《笑林广记》记载：官吏听讼断狱"无是非，无曲直，曰打而已矣，无天理，无人情，曰痛打而已矣。故民不曰审官司而曰打官司，官司而名打，真不成为官司"。时至今日，这种想法仍旧占据我们普通百姓的心中，仍旧让我们不想打官司、不愿打官司、不敢打官司。

其实，打官司，即学理上说的诉讼，它的作用远超过打官司暨一个案件胜败本身。诉讼，进而引起法院对一个事实的认定，对一个行为的法律判断，其意义是巨大而深远的。我们都知道，如果没有乔占祥状告铁路官方部门，也许我们会继续将一些习以为常的但未必合理的存在更加得习以为常。如果没有齐玉玲状告教育官方部门，我们对招生问题的反思也许引发不了那么多人的关注。没有郝劲松先后7次将有关单位告上法庭，我们对生活中自己权利的认识也许没有那么深刻。诚然，无论这些诉讼中原告及案件的结局如何，至少有一点我们可以明确：它引发了人们对一些现存制度的关注和思考。而且因为诉讼，有些已经存在却不甚合理的制度受到了质疑和挑战，质疑和挑战让我们对一个个耳熟能详的词汇如"强制保险""乙肝歧视""就业平等"等有了更深地思考；相关部门也自动地或者说更加审慎地处理相应的问题，甚至会修改一些不合理——如果没有人提起诉讼这些不合理将永远存在的——规定。诉讼的效果已经超出个案的胜负评价，诉讼本身就是一种效果，一种进步，它唤起人们对某个关系全体公民利益问题的关注，进而维护和促进个人合理权益的发展，推动了法治的发展，促进了社会的进步，达到和谐的目的。

当然，司法资源是有限的、稀缺的，司法资源经不得浪费，诉讼经济是整体司法工作考量的重要标准之一。我们主张通过诉讼解决问题并非强调滥诉，并非鼓励什么事都通过诉讼来解决。相反，主张善待司法资源、善待法律。这要求我们把资源的利用最大化，即边际成本最小化而边际效益最大化是我们价值衡量的参考，稀缺的资源也有其最大的利用价值。法律所创造的规则对不同种类的行为都会产生隐含的费用，因而这些规则的后果以及实施可当作对这些隐含费用的反映加以分析。如果一个诉讼能够推动解决很多社会问题，那么它产生的效应是规则本身隐含费用的最小化付出，而且体现了实际成果的最大化。因此，诉讼后所产生的效应和解决问题的力道其实很大程度上发挥了诉讼本身的作用，诉讼通过寻求司法救济来维护公共权益，其强大的社会影响将引起更多的人来维护自身权益，让弱势维权得到最基本的尊重。合理的诉讼，正当的诉讼其实在发挥着推动国家法治之路的作用，它让我们将是否公平、公正交付于司法来审查，让正义以人们看得见的方式实现。

　　法治，要求人们充分尊重法律、尊重法律所赋予的人们的基本权利。在自己合法权利受到侵害的时候，个人利益在对应其他团体利益显得那么弱小的时候，法律应该给予充分的保障。卢梭曾有言："恰恰因为事实的力量总是倾向于摧毁平等，所以法律的力量就应当总是倾向于维持平等。"而司法的被动性决定了没有诉讼，法律便无从维持现实的平等。所以，当一些长存的不合理在我们身周徘徊的时候，诉讼犹如正义使者，它的功能不仅在于解决纠纷，而且在于解决纠纷的过程中展示了现代法治文明，树立了行为的模式，禁止了邪恶的事件，成就了善良的风俗。即使是实体上出现了无可奈何的结局，诉讼本身所蕴含的法治精神将逐渐焕发它的光彩。正如培根所言："对于一切事物，尤其是艰难的事物，人们不应期望播种和收获同时进行，为了使它们逐渐成熟，必须有一个培育过程。"在共和国法治道路上，在大力提倡全面依法治国的今天，在我们追求法治理想的社会里，诉讼将是孕育法治之果的良品优种。

刑法的两难：事实与规范概念的纠缠

事实和规范，是现代哲学的重要理论问题，也是社会实践的重要问题。从哲学到法律，这对概念所蕴含意义的复杂性使得我们在运用时总是捉襟见肘。确切地说，这样一个哲学意义上的具有政治—法律含义的概念关系，无时无刻不在磨砺着研究者的心血，使我们的目光在事实和规范之间穿梭时，不得不时刻厘清二者之间剪不断、理还乱的关系。而这样的命题所受到的关注度却不高，很多人认为该问题没有专门研究的必要，并想当然地接受了一些传统的观点。如果说学界在该问题上并非完全同一，那么差别也仅仅限于对一些概念的技术性表达。可事实远非如此简单。

最早提出事实与规范关系的是哲学家休谟。休谟认为，有两种命题，一种命题以"是"或"不是"作为联系词，另一种命题以"应当"或

"不应当"作为联系词,从前一种命题是推不出后一种命题的。这似乎意味着,事实与规范之间的关系是清楚、透彻的,事实是判断性的,规范是评价性的,两者之间的区分应该泾渭分明。但是如果联系到具体的事物,那么两者之间的界限就不是那么清楚了。就现代社会而言,规范主要是指法律规范,于是引申出来的命题就是:社会事实与法律规范之间是什么样的关系,法律规范的有效性和事实性处于什么样的关系等之类的问题。

事实与规范之间的关系有多种类型。第一种类型是客观事实与社会规范(法律规范和道德规范)之间的关系。客观事实描述的是客观存在的事物,既有自然领域的如人有胖瘦之分的事实,也包含人有聪愚之别等社会领域的客观事实。社会规范不同于客观事实,它是一种描述和判断,如人人生而平等。第二种类型是事实判断和规范评价。对于事实,只需要知觉的、认识的活动,即可确定的要素,不需要评价的要素。对于规范,需要补充的价值判断,即根据字面的表述还不能确定,必须在具体的事实关系的基础上进行判断和评价才能确定的因素。第三种类型是两者之间更加内在的联系。即事实是一种"制度性的事实",必须靠参与者、知情人的解释才能恰当描述的事实。制度性事实就是一个制度正在生效着这个事实,这个事实包含了制度这个规范。命题是事实,但是命题又是由事实和规范组成。即事实蕴含着规范,规范围绕着事实。第四种类型是指规则的被承认和规则的值得承认。规则的被承认,是与规则有关的一种事实;规则的值得承认,则表明规则具有有效性,而不仅仅是事实性。这里的事实与规范的关系，更多的是法律规范内部的事实性和有效性的关系。

由之，从法律意义上来说，第一种事实和规范关系的判断是广义的判断，第三种、第四种则是分别在事实、规范概念之下对事实和规范关系进行区分。因此，我们的目光主要定位在第二种事实和规范之间的关系。即法学乃至刑法学意义上事实和规范的关系。而这种关系依然具有复杂性。麦茨格认为，应根据法官所要求的认识方法、判断的性质来区分事实和规范，认定事实时不需要法官的个人评价，认定规范时，则需要法官进行价值判断。与麦茨格理论大体相同的是格因胡特的观点，他以是否需要法官行使自由裁量权来区分事实和规范，认为描述客观行为，说明外界的事实经过的是事实的判断，只需要法官进行事实的确定和单纯的比对，只需要纯粹的认知活动；与此相反，规范则需要法官价值判断，是法官具有自由裁量余地的判断。第二次世界大战以后，威尔采尔基于自然法的思想，认为事实要素是对像人、动产、杀害等可以凭感觉认识的要素，规范要素是对他人的物、文书等凭感觉只能认识非本质的部分，只有通过精神的理解才能认识其本质部分的要素。事实上，以麦茨格为代表的观点是侧重从法官判断的角度得出的结论，以威尔采尔为代表的观点则是侧重从认为人认识的角度得出的结论。恩吉施认为，事实所描述的是可以感觉到的经验的东西，规范则是与规范世界相关才能想象和理解的既存。两者的区别不在于有价值与否，而在于对其的认识和理解是否以法律的、伦理的或者其他文化领域的规范为逻辑前提。

需要说明的是,事实(即法规范在社会中运行结果的实际状态)并不总是与规范期待相吻合,当规范作为静止的法律文本时只能与典型事实相对应,由于个案的特点,以及布莱克所谓社会结构的介入,规范在社会生活中运行时总会出现与静止文本——典型事实相异,或者相偏离甚至违背的情况,这就是相对于规范期待意义上的事实。这给我们提出了一个命题,在刑法中,规范和事实,从某种意义上说是"动"与"静"的关系。动静之间,无非就是转变和转化的过程。如果用黑格尔的存在概念来解释,那么规范和事实本身都是"事实"。规范由价值产生后也成为一个非经特定程序无法改变的事实,对案件的判断以及案件的审理结果是否与规范一致,其本身都无法改变规范自身。当然并非为探讨哲学意义上规范和事实的辩证关系,主要是想合理运用解释方法,在刑法学上的规范和事实之间找寻一个通道和平衡点。如同日本学者加藤一郎所谓"框"的理论,法律规范之框并非日常生活所见之空框,此框已经具备了某些确定的内容,只不过其内容尚可被补充以至被曲解罢了。换言之,规范只能在属于一个就其整个来说是有实效的秩序的条件下,才被认为是有效力的。如果所有案件都会因其社会结构而变得不能依靠法规范作出预测,也就是规范效力已无整个来说是有实效的秩序条件的保障,在这样的情况下,法规范对案件处理和事实认定已经没有丝毫作用了。

应该说,刑法学意义上的事实和规范的区分具有相对性,二者之间并没有明确的界限。比如,故意杀人罪的"人",一直被认为是事实概念。但是,随着脑死亡概念的产生,已经脑死亡的人,心脏还在跳动。

这是不是人呢？是否需要规范的评价？也还存在疑问。再如，财物，也一直被认为是事实概念。但是对于财物的理解，无论是德日，还是我国，何种价值、何种形式的物才是财产犯罪中的"财物"，不无疑问。正因为如此，沃尔夫认为，即使是纯粹的描述性概念，其边缘地带也是规范性的。当然，对于这样的复杂关系，也有一些实证法学家们试图通过各种实证分析，希望法学能像自然科学一样精密，一样客观地回答诸如此类的问题。这显然是对理性和自然科学的高估。虽然，人文科学也可能往往依仗感性的执行，例如，依仗在感性上执行文件、章程或者图像。但是，人文科学的这些资料需要解释，不能简单断言为事实。人文科学和社会科学必须以人的意识为基础。自19世纪以来，在历史学、语言科学，包括在法学和社会科学里，一再试图根据自然科学的模式对这些科学进行组织，但是这些尝试也徒劳无功，因为它们对于研究对象是不合适的。这也基本成为了共识。

之所以事实概念与规范概念之间存在如此的纠缠，有一个重要的原因是文字本身的复杂性。法律是文字的表述。然而，文字的含义是复杂和多变的，文字的意义更是随着时代的变化而有所不同。一方面，立法时使用的文字其含义本身具有多重性，尤其是汉字的复杂性和多义性更增加了限制含义的困难。另一方面，法律制定以后，所使用的文字还会不断产生新的含义，而且这种含义会冲击对法律用语的判断。所以，尽管立法机关在制定刑法时，对法律用语进行了诸多界定。但是，如同基佐所述，科学的定义要比词语的通俗意义狭隘得多，因而实际上也是不精确的多、不真实的多。比如说"淫秽",这样的文字表述实际上本身无法蕴藏太多的意义。这个概念是事实概念或者说规范概念,取决于不同时期的感受和国家刑事政策的严密程度。一般人也许对"淫秽"都会有个模糊的判断,可能在伤风败俗与正当的举止之间具有很大的判断幅度。而作为专业法曹,判断淫秽的标准就离不开具体案件的情形、社会公众的认可度、具体物品的使用程度等综合归纳。这样的概念在界定之后,随着公众认知的统一化,进而有可能成为了一个事实概念。但是,就目前而言,对淫秽物品的判断,还是一个规范性的判断,无法形成一个通俗的看法和认知。

因此,刑法中事实概念和规范概念虽然都是文字的表述。但并不意味着根据文字就可以真正区分两者。刑法在"静""动"之间需要法律学人的智慧和心血。也即,如果实质性解释刑法,那么不管采用何种解释论,对于规范和事实的纠缠就会有具体的解决之道。欧陆刑法学历经百年而少有大改,不是因为刑法制定的开始就无比的精密,而是在刑事解释上解决成文法的弊端,及时扩充文字的含义。一个刑法学上的含义是不断变化发展的,一个规范的概念是逐渐形成,是在事实的不断出现中形成的。如同"凶器"这个词,更倾向于是事实概念。可事实上,当行为人携带刀具等抢夺时,人们自然习惯认为凶器是一种器具。不过,当用带装有艾滋病病毒的针头去扎人的时候,这种含有艾滋病病毒的针斗是否为凶器等就会成为一个疑问,进而对凶器是事实概念还是规范概念存有疑虑。形式理性值得赞赏,实质解释同样有其价值。

从某种程度上说,严格区分事实概念和规范概念意义难度很大。因为所有的法律问题归根结底都是一个事实问题。即使是一个事实概念,在运用到法律中,都是带有立法者的评价的。正如德国学者罗克辛所言,所有的刑法规则都命令公民实施一定行为或者禁止公民实施一定行为;这些规定同时也对违反规则的行为进行了评价:它们至少在原则上是需要谴责的。当立法者在刑法法规中规定了盗窃、勒索等行为时,它们并不是这么想的:我在一个段落中描写了一个法律值得注意的行为,但我不想发表我的看法,我不肯定我所描述的行为是好的还是不好的;我的描写只是说明,这些行为不是无足轻重的,它要么是合法的,要么是违法。事实上,立法者在想:我所描写的这些行为是社会无法忍受的,我要对这些行为进行谴责;所以我要通过构成要件规定这些行为并惩罚它们。在法律的不断变化中,立法的滞后需要解释来弥补,也就需要对概念进行实质化的判断。即便认为事实概念无须证据证明,而规范概念需要实质判断和证据证明,在日新月异的今天,这种区分的界限也已经极为模糊了。具体地说,科殷认为,法学家必须把他应当判决的、个别的具体的个案与组成实在法的法制的或多或少是抽象把握的各种规则联系起来。规则和案件是他的思维的两个界限。他的考虑从案件到规则,又从规则到案件,对二者进行比较、分析、权衡。案件通过那些可能会等着拿来应用的、可能决定这判决的规则进行分析;反之,规则则是通过某些特定的个案或者案件类型进行解释。因此,刑法学规范和事实的概念,本身杂糅着对刑法规范和事实之间的判断,刑法规范和案件事实之间的对应。即规范成为符合存在的,案件成为符合规范的,并且逐步地规范变成较具体的、较接近现实的事物,案件、事实变成轮廓较清楚的,成为类型。

  事实与规范,既辩证,也互换。在刑法教义学不断发展的今日,我们有必要进一步深入思考,以为司法实践提供理论支撑和指引。

出入人罪，不能仅停留在社会危害性上

犯罪的本质是什么？我国刑法传统意义上的学说认为，犯罪本质在于其社会危害性。所谓社会危害性，主要是指对现阶段我国社会关系造成的实际危害和现实威胁。具体又可以分为对社会关系造成的实际危害，比如侵犯公民的财产，以及对社会关系造成的现实威胁，比如危险犯、犯罪预备、犯罪未遂等。对于这种社会危害性学说，不少学者提出质疑和批评。有的认为，该学说会导致犯罪行为与其他危害社会行为区分的形式化，是否有危害取决于刑法是否禁止。有的则认为，社会危害性是道德范畴的评价，如果与刑法规定不符，可能会与罪刑法定的原则产生相应的冲突，因此不能认为是犯罪的本质；等等。认真研究刑法理论的传统观点，社会危害性学说固然难以适应现今刑法理论的发展，但其不适应的地方并非

在于社会危害性这个概念本身,也不在于这个概念是否能够涵盖刑法所需要的评价,关键在于其背后建构的理论体系和理论支撑,以及这个理论体系所必须适用的语言和判断。换言之,就是犯罪是否是对社会关系的侵害?社会关系这种概念能够囊括现今社会发展而对刑法的期望和要求呢?

之所以用社会关系的侵害来定义犯罪,与从阶级性的角度来阐述犯罪的阶级实质及其所产生的条件分不开,亦即从犯罪与现行统治的关系来揭示犯罪的本质属性。这种分析虽然可以让我们理解犯罪、刑法乃至上层建筑的阶级性,但有一个显然无法忽视的问题——这种核心概念的政治性、抽象性、模糊性使得其对司法实践难以起到实质意义的指导作用。正如有的学者指出,过度地重视社会危害性理论甚至忽视其在思考层次上的抽象性和高级性,忽略了不同犯罪本质理论的具体适应性,而不加分析地将其作为指导刑事司法的唯一标准,忽视犯罪的法律本质,势必造成法律的虚无主义,甚至混淆了立法和司法的不同,而使立法过程的抽象性影响了法定原则的司法实现。

犯罪深层次的缘由是因为具有社会危害性,这样的理论并非一无是处。如果对社会危害性的内涵进行重新解读,那么其实质上与现行学界比较一致的法益侵害说的看法可以达到理论上的圆融。但是,对于中国而言,即便是具有同等内涵也不适宜再用,其原因在于这一概念在中国的内涵与西方已经有所不同。在西方,贝卡利亚也曾明确指出,"衡量犯罪的真正标尺,即犯罪对社会的危害……有些犯罪直接地毁伤社会或者社会的代表;有些犯罪从生命、财产或者名誉上侵犯公民的个人安全;还有一些犯罪则属于同公共利益要求每个公民应做和不应做的事情相违背的行为"。H.L.Packer 对于立法上如何确定"入罪科刑"标准提出了以下看法:一是这种行为在大多数人看来,对社会的危险是显著的,从社会的各个方面来看也是不能够容许的;二是对这种行为科处刑罚符合刑罚的基本目的;三是对这种行为进行控制不会导致禁止对社会有利的行为;四是对这种行为能够进行公平的、无差别的处理;五是对这种行为提起刑事诉讼,不会产生新的负担;六是对这种行为的处理不存在代替刑罚的其他方法。从中我们也可以得出,两位西方学者也认可犯罪是对社会的危害这种判断,只是这种"社会危害"的内涵和外延如何,需要进一步明确和判定。这种社会危害性其实解释成对法益的侵害也无不可。按照法益侵害说,刑法要实现其功能,就必须把关系社会成员的利益上升到法益,刑法通过对这种法益的保护进而达到其保障社会的基本功能。

社会危害性理论遭受的另一个批评,是认为社会危害性可以区分犯罪行为和合法行为,但无法区分一般违法行为和犯罪行为,因为两者都具有社会危害性。有的学者就认为,即使力图对社会危害性进行内涵和外延的界定,以现代社会国家的各种最新的理论,来修复启蒙时期思想家所提出的"社会危害性"这一概念,但这个概念或者其他类似的概念,显然同样不能为立法者提供一个明确的罪与非罪的标准。这种批评具有针对性,但只是一方面。正如有学者指出,虽然刑法的目的与任务是保护法益,但是,这并不意味着对任何侵害法益的行为都必须规定或者认定为犯罪。既然,对严重侵犯法益或者侵犯重大法益的行为,刑法才必须将其规定为犯罪,那么意味着,一般违法行为也侵犯了法益,只是其侵犯的程度并不是十分严重,不值得用刑法来保护。这一点,如果我们考察一下法益侵害说的历史起源,也可以得出相同的结论。法益侵害的学说最早是德国刑法学者毕尔巴谟提出的,后来经过宾丁和李斯特等人的发展,成了欧陆刑法学的通说。李斯特就在其教科书第14版和第15版中确立了以下命题,即违法性具有二重含义:违反国家的规范即法秩序的命令、禁止的行为,是形式的违法性;具有社会危害性即反社会的或非社会的行为,是实质的违法性;所谓社会危害性,就是指对法规范所保护的个人或者全体的生活利益的侵害或者威胁,故侵害法益或者导致法益危险的行为,是实质的违法。由此可见,李斯特把构成犯罪定位是社会危害性,但是关于社会危害性的内容,则解释为侵犯法益或者对法益的威胁。这从另一个角度可作佐证,社会危害性的含义并非不可取,关键是对其内涵的解释。

与此同时,还必须明确一个问题,传统四要件学说里犯罪客体与法益是什么关系?按照刑法学理论的通说,犯罪客体是刑法所保护而为犯罪行为所侵害的社会主义社会关系。这个概念实际上相当模糊,在传统四要件理论里,犯罪客体是首要要件,意味着一个行为构成犯罪,其首先是侵犯了刑法所保护的社会主义社会关系。换言之,行为的社会危害性表现在哪儿?就表现犯罪客体上。但是这样的逻辑论证有一个需要解决的问题,就是犯罪客体这个提法是否准确,社会主义社会关系能否涵盖刑法保护的对象,而且犯罪客体在构成要件中到底处于什么样的地位,等等。对犯罪客体的性质,学说林林总总,日本学者指出,与行为客体不同,刑法条文大多没有明示保护客体,而需要通过解释推导出保护客体。对保护客体的解释不同,便影响对条文的解释。论定刑法的各条文将什么作为保护法益,是刑法各论的构成要件解释中的重要部分。国内学者有犯罪对象说、刑事被害人说、权益说、法益说等。在刑法学说衔接的过程中,法益说逐渐为大家所认可,犯罪客体实质上就是刑法上的法益,即刑法所要保护的利益(法益),不宜表述为社会关系。而且客体和与之相关联的社会关系概念,体现的是一种刑法工具主义的观念,把刑法视为统治的工具和手段,并没有充分体现保障人权的功能和价值。

  总之,入罪是一个综合判断的过程,犯罪的原因更是多种多样。个体犯罪原因是一个整体系统(母系统),这个整体系统是由若干相互联系和相互作用着的主体内外因素(子系统)所构成的,形成多层次多维度的原因网络结构。作为整体系统的个体原因,具有其各主体内外因素没有的特殊属性。由于各组成因素间的交互作用,个体犯罪原因处于一种动态变化之中。从犯罪原因到犯罪处罚,其判断的基础和理由需要明确和具体。从这个角度说,社会危害性理论无法承载现今刑法理论发展和司法实践变动对其的理论供给要求。实际上,用法益侵害说代替社会危害性理论,具有众多理由,应该认为,社会危害性理论至少在以下几个方面存在需要讨论的空间。

  社会危害性背后的意识形态因素浓厚,阶级性色彩影响刑法学具体问题的判断。之所以把社会危害性定位为犯罪的实质，主要是受苏俄刑法学的影响，而纵观苏俄刑法学社会危害性的来龙去脉，社会危害性的实质是阶级危害性。且不论对于社会发展而言，阶级观点是否可取尚有争议，就刑法学而言，这种"过度"实质的理念与刑法罪刑主义法定的原则存在基本立场的冲突。采取法益侵害说可以防止刑法过多的政治性，降低阶级理论的适用，更加符合现代社会发展的潮流和需要。换言之，对于社会危害性这个概念继承与否，如果从概念本身角度看，可能并无多大问题，但是如果把这一概念置于整个苏俄刑法学理论产生的历史背景及其内涵角度看，其蕴含的意识形态因素对于现代刑法学的发展，对于犯罪的理解等存在着十分严重的误导。陈兴良教授就明确指出，在我国目前关于社会危害性的讨论中存在着十分严重的非历史主义的方法论，它极大地妨碍了对社会危害性的政治本质的认识。法益侵害说实际上综合了形式主义存在的弊端和社会危害性的不足，在犯罪形式概念和实质概念之间找寻了基本的平衡点。社会危害性概念本身并无不当，但是在刑法学转型的时期，如何脱去阶级色彩，而回归刑法学科的本原而言，显然这一概念需要一定程度的"舍弃"，换言之，用不是不行，而是不适合再用。

　　社会危害性理论看似从实质上认定犯罪，实际上难以清晰界定刑法的目标、价值和功能。打击犯罪和保障人权是刑法学追求的两大理念。如果从社会危害性角度看，实际上很难为刑法实现这种理念提供基本的路径。社会危害性本身极其空泛，没有相对明确的判断标准，其出发点是批驳犯罪概念的形式主义，而自己又恰恰更容易陷入形式主义的窠臼。

如果认为犯罪的本质是具有社会危害性,但是危害社会的又不一定是犯罪(这一点,在我国更明显,比如治安管理处罚法和刑法的区别),那么如何判断犯罪和一般违法行为,只能通过是否有法律规定来界定,而这从某种程度上说是用刑事违法性来判断犯罪的本质。这是从确定性角度提出的质疑,虽只是某一方面的批评,但从刑法精细化、精巧化角度来说,相对于社会危害性而言,法益侵害显然更为具体,通过法规范所保护的利益角度出发,使得刑法的目标、价值和功能更容易彰显,也更加贴近人民的追求和价值,并非冰冷的阶级性关系和强制性的"无情",更多的是告诉人们刑法为何要惩罚一些行为,更好地让人们自动地产生对法的遵循和服从。

从规范的角度看,与法益侵害这种规范的概念相比,社会危害性这种超规范的概念更可能带来理论上的混乱。从毕伦巴姆提出法益的概念以后,经过众多学者的耕耘,特别是宾丁在规范论的视野下研究法益,使得法益的规范机能更加突出。社会危害性虽然具有相当大的解释功能,但其不具有基本的规范性质,更多的是从政治学和社会定义角度来对犯罪进行界定。这种界定更多的是对犯罪的一种超规范的解释,容易在出罪和入罪时被广泛运用,且难以进行反驳。有学者就指出,社会危害性说不仅通过其"犯罪本质"的外衣为突破罪刑法定原则的刑罚处罚提供一种貌似具有刑法色彩的理论根据,而且也在实践中对于国家法治起着反作用。确实,对于罪刑法定而言,社会危害性的"张力"十足,在区分罪与非罪情况下,其扩张的可能性更大,更容易侵害公民的权益。相反,法益侵害不可能具有这种危险,因为法益侵害更多的是以刑法评价为前提,具有规范的特征,没有刑法学的评价,法益侵害就不存在。当然,如果要从更深层次分析犯罪,社会危害性的概念则有相应的作用,只是在中国现行这种容易实质定罪,容易突破法律现状而言,强调形式理性在这一阶段具有现实意义。如果真正进入法治国家,法治社会,全面依法治国的方略得到切实实施,则社会危害性的概念受到的指责未必如现在这样。

总而言之,社会危害性的标准不明确、阶级性色彩浓厚、内容空泛、不具有指导性等,使得法益侵害更多的被学界认同。一个概念的形成和扎根不是取决于理论上的自说自话,更多的是是否符合实践的需要。从社会转型的视野看,无论是政治学还是社会学,传统的阶级理论已经无法解释中国社会的巨大变革。刑法学也不例外,固守苏俄刑法学创造的概念无益于我国刑法学的繁荣。即便是对社会危害性进行改造和解释,其历史沿革的内涵很难真正被剥离。如同有学者所述,一个社会恒久的、普遍的守法风尚的形成,更多地取决于社会对法律之价值性的认同。一个社会的守法动机,倘若仅仅出自于对法之规范性的恐惧,那么遵守法律便永远只能是一种权宜之计,一旦可以找到规避法律威慑制裁的途径,或者存在这超越制裁之恐惧的利益,僭越法律便是再自然不过的事情。人们只有对立法价值产生真正的认同感和共鸣的时候,法律的规范才可能转化为人的内在需求,遵守法律,按照法律生活,才有可能成为社会的一种自觉和习惯。

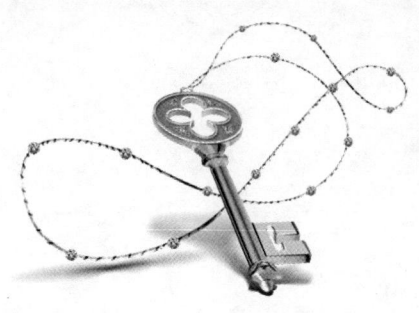

贰 理通意晓

法者,哲也。法律不外乎人情、道理,因为法律就是规制人类生活的一种需要,这种需要无论是多么精密的制度设计,本质上还是在公平正义、良善良知、公序良俗的指引下前行的一种基本判断。

理通意晓,道理说透了,法律实施的难题迎刃而解。道理,道之理也,是非曲直也。维系社会秩序的几种治道,无论是诉诸神灵的神治,还是仰赖领袖的人治,抑或倚重道德教化的德治,还是凭靠法律治理的法治,都是人类在探索规范自身生活进程中的选择。大道至简,治道选择需要把"理"阐清释明,进而才能得到真正的认同,把法治的功效发挥到极致。

刑事政策与检察实践

当前,我国正处在加快发展的重要战略机遇期,这个战略机遇期是体制深刻转换、结构深刻调整、社会深刻变革的重要历史时期,同时又是人民内部矛盾凸显、刑事犯罪高发、对敌斗争复杂的时期。此种形势下,用刑事政策指导公诉工作显得尤为重要。只有把握办案的策略和艺术,实现宽严相济,才能真正有效地化解社会矛盾,实现法律效果、政治效果和社会效果的统一。刑事政策和策略集中反映了我们党和国家对司法工作的根本政治主张,蕴含着符合司法规律的社会主义法治理念和深刻的政治要求,是指导执法司法的灵魂。刑事政策是治国之道,而如何打击犯罪问题就是一个公共政策问题。刑事政策是国家和社会整体为了治理或解决犯罪这一公共问题而制定的"战略""艺术"。同时,刑事政策也是一种认识犯罪现象，尤其是分析打击和预防犯罪措施和制度的方法、工具。

然而，刑事政策毕竟只是一个政策导向，如何在检察实践中加以贯彻施行呢？也就是说，刑事政策如何与实际办案有机结合起来呢？以宽严相济的刑事政策为例，要求对未成年人犯罪、初犯、偶犯和轻微犯罪，根据案件具体情况，可捕可不捕的不捕，可诉可不诉的不诉。那么，到底哪些是该捕而哪些是不应该捕的？哪些是该诉而哪些是不应该诉的？这其实赋予执法司法不少空间和挑战。它是根据具体案件而定的，需要发挥承办人的主观能动性，需要办案人员具有高超的司法艺术和司法技巧。所以，刑事政策的大力倡导给司法人员提出一个新的更高的要求。严格意义上说，这是一种司法理念的更新和突破。这其中就有一个问题，严格司法和贯彻刑事政策之间的关系问题。这个问题从理论上界定十分简单，可以概括为既要做到严格执行法律又要做到贯彻刑事政策的要求。可实践的执行却是十分复杂的，特别在我们错案追究制度还不甚合理的情况下，有时候司法能否实现最佳社会效果的评判并不是具有唯一答案的。当前司法办案责任制改革还不尽完善，在具体案例中，责任的区分还不太明显。所以具体到个人如何贯彻刑事政策，从根本上说还存在一定的缺陷。从根本上说要从制度机制入手。

因此，刑事政策在目前施行的最好途径是在法律规定的基础上，把刑事政策具体化于有关司法解释、工作流程和业务工作的指导性意见中。中间层次的研究和贯彻实行使得办案中体现刑事政策有一定的广泛性意义，它可避免上升为法律层面可能面临的经常性改动的不稳定，也可避免个案中可能存在判断的不确定性。近年来，不少刑事政策以司法解释乃至座谈会纪要形式出现，就是最好的明证。这其中，给省级司法部门提出了最大的挑战，因为它本身肩负着承上启下的功能作用。不同于最高司法机关的政策性和一线司法机关的亲历性，省级司法部门更应该把刑事政策与办案实践相结合，探讨具体可行的实践操作方案。从某种程度上说，刑事政策的实践化，最佳途径是省级司法机关作用的充分发挥。

当然，从法治发展的角度，刑事政策实际运用的最好方法是由一线司法办案人员结合具体案例来贯彻执行和体现。但从目前的实践看，无论人员素质、工作机制、责任承担，尚不能完全由一线办案人员来彻底行使此项权力。随着司法改革的推进，将来司法责任制不断完善，司法官员专业化、职业化不断发展，其实现的土壤更加成熟后，可能此事就不是问题。其实从广义上说，正如法国学者马克·安塞尔所言，刑事政策是由社会，实际上也就是说由立法者和法官在认定法律所惩罚的犯罪，保护高尚公民所作的选择。司法的亲历性要求使得具有一定司法职业素养的法官、检察官在办案中能最大限度地展示刑事政策的指导性作用。一个具体刑事政策的形成需要漫长的过程，然而刑事政策的具体实现更是需要长期的积累和相当成熟的司法技巧。当前，中国社会发展的阶段性特征给司法提出了相当严峻的挑战，大量社会矛盾寻求司法途径解决，此时更需要充分掌握社会发展的脉络，充分而又结合实际地运用好刑事政策，真正实现司法的功能和价值。

主动赔偿,不能一概从轻处罚

随着宽严相济刑事政策不断深入人心,司法实践中,司法机关正以"更加和谐"的方式处理各类刑事案件,特别是在伤害等侵犯人身权利的案件中,犯罪人主动赔偿损失,取得被害人的谅解,司法机关往往从轻处断。但是,与此同时,出现了另一种需要我们警惕的现象——"花钱买刑"或者说"赔钱减刑"等,尤其是在死刑二审案件中,一审在判处被告人死刑立即执行后,二审时被告人表示赔偿,有些地方就以赔偿为由,减轻处罚,改判死刑缓期两年执行等。

对此应该认为,判断赔偿的关键不在于"赔"了没有而在于"赔"的动机和目的,以及"赔"背后深层次因素的思考和探索。刑法规定,对犯罪分子决定刑罚的时候,应当根据犯罪的事实、犯罪的性质、情节和社会的危害程度来认定。在宽严相济刑事政策下,之所以对主动赔偿、取得被害人谅解的被告人从轻或者减轻处罚,关键在于被告人的赔偿体现了认罪悔罪的心理因素,同时在被害人或其家属已经谅解的条件下,从轻或者减轻处罚更有利于实现刑罚的目的,减少社会对抗,实现社会和谐。但是,这样的司法衡量和考虑并不等同于,只要花钱赔偿了,就可以从轻或者减轻处罚。如果这样做,至少有违法律的初衷和本意,甚至会被社会大众诟病为司法不公。

法律面前人人平等,如果给人一种花钱可以"减刑"或者"买命"的导向,那么,同样的犯罪,有钱的人可以得到法律的"宽恕"处理,而没钱的人则只能"认命"接受处理,法律的公平性将荡然无存,人类通过法治来治理社会的本意将受到质疑,个案的不当处理伤害的是整个社会的感情,个案的看似和谐可能是以社会整体不和谐为代价。

无论成文法国家还是判例法国家,司法的处断,特别是惩治刑事犯罪,其标准主要在于行为对社会的危害程度,抑或是侵害法益的有无程度,即犯罪伤害的不仅仅是直接的被害人或其亲属,更是对社会秩序的一种损伤和伤害,所以大部分犯罪是由国家提起公诉。因此,即使实践中被害人或其亲属因为接受赔偿而不那么强烈要求处理被告人的情况下,司法机关也应该根据案件整体的事实、情节、性质和对社会危害的程度来正确处断,而不能仅仅把目光定位在实现"被告人与被害人或其亲属"之间的和谐,放弃了犯罪是否伤害了整个社会和谐的情况。否则,即使被害人或其家属和被告人都满意了,如果整个社会对处罚存在疑义,那么这样的司法处断显然也是不可取的。特殊预防和一般预防在刑事处罚中应当平衡考虑。

由此可以进一步认为，案发后，主动积极赔偿被害人损失，有利于化解矛盾、促进社会和谐，司法机关将赔偿情况作为从宽量刑的酌定情节，有其合理性，也无可厚非；但从另一方面来说，更应从刑法的目的出发，准确适用刑罚，避免在社会和民众心中造成"以钱买命""花钱减刑"的误解。司法实践中，应慎重处理此种情况，主动赔偿的不能一概从轻处罚，特别是在死刑案件中，被告人积极履行赔偿责任仅是酌定从宽处罚情节，应理性地考量赔偿对于量刑尤其是死刑适用的影响，认真分析犯罪性质、情节和手段，综合犯罪的起因、被告人赔偿、认罪悔罪的态度以被害人的谅解等情况，正确适用死刑。对于既有赔偿情节，又有法定或酌定从重处罚情节的，要综合考虑，不能只考虑赔偿情节而一味从轻。同时，对于赔偿的情况，应纳入法庭审理范围，对于被告人赔偿的，应注意查明被告人是否真诚地认罪悔罪，赔偿是否履行，被害人或其家属是否真正谅解了被告人。

当然，检察机关除了在自身办案环节应树立正确的观念外，更应该注重充分发挥法律监督职能作用，确保刑罚的正确运用。特别是对于一些被告人在庭审后赔偿的，如果法院不再开庭审理，应该要求参与被害人或其家属和被告人的民事调解，以确保双方当事人的合法权利。同时，要特别注意在两个方面加大监督力度：一则，应注意审查赔偿是否真正兑现。实践中，有的被告人家属先将赔偿款暂存法院，将是否改判作为兑现赔偿的条件，如果不改判就不予赔偿，这种明显是为了减刑处罚的做法，不仅不能反映被告人的认罪悔罪态度，而且使赔偿有时未能真正兑现，严重违背了司法机关的职责。对此，应不断加大监督力度，及时予以纠正。法律定分止争，并非无原则、底线，"交易"性质的赔偿固然能在个案中发挥作用，但损害了法律的公平公正，损害了社会正义、良知。二则，应注意审查被害人或其家属的谅解情况。对被害人或其家属接受赔偿的案件，应当对被害人或其家属进行询问，了解和审查被害人或其家属谅解是否自愿，是否对被告人的犯罪行为表示谅解，是否有胁迫等其他因素，以便更好地维护被害人或其家属的权益。此外，应当及时监督法院裁判文书是否载明被告人的具体赔偿情况和相关证据。

总之，赔偿本身不是目的，化解矛盾不应以赔偿与否为标准。主动赔偿背后的恢复性司法理念，也应与刑罚的其他目的一并考量，这样才能真正达到价值平衡和法律的目的。

检察建议应突出"六性"

实现社会和谐，建设美好社会，始终是人类孜孜以求的一个社会理想。在和谐社会的视野中，淡化惩罚功能，发挥好检察机关的职能作用，检察建议无疑是一个良好的途径。司法的被动性从某种意义上使我们办案的效果有时仅处于具体的个案中，而面对当前我们正处在体制深刻转换、结构深刻调整和社会深刻变革的重要历史时期，从具体案件背后探讨体制、机制的完善更加具有意义。此时，应充分发挥作为由点到面的检察建议的作用，充分实现作为建议的机动性和作为以案为载体而撰写的具体性，从而在构建和谐社会的过程中发挥应有的作用。

检察建议应突出"重要性"。当前我国发展正处于一个关键阶段，深化改革进一步触及深层次矛盾和问题，社会利益关系更趋复杂，统筹兼顾各方面利益的难度加大，人民群众民主法治意识不断增强，政治参与的积极性不断提高，对发展社会主义民主政治和落实全面依法治国基本方略提出了新的要求。检察机关作为司法机关，处理个案时彰显司法公正还不能完全满足社会转型要求，而从案件背后拓展的对一些社会问题进行有针对性的意见和建议是解决问题的良好途径。检察建议除了在个案中发挥司法功能外，因其特有的属性可以在更大的范围内发挥司法机关的社会作用。比如媒体报道，原国土资源部根据北京市检察机关的检察建议对非法批准土地使用问题进行调查处理，这就是充分发挥检察建议作用的典范。检察建议并不是可有可无的一纸文书，而是更好地履行法律监督职能的有效手段，也是检察机关服务大局的一种有效途径。

检察建议应突出"规范性"。作为不同于起诉书等通常意义上的检察文书，检察建议带有司法机关的印记，这要求其无论在外在格式上还是内容方面都要有相应的规范性。虽然不同于法律文书严格的规范要求，但是也应相应的有所规范，以突出司法机关的特性。因此，应注重检察建议书的规范化建设，加强管理，统一编号，统一行文格式，规范行文语言，使检察建议书成为正式、规范的法律文书。在文风上，要求发出建议的机关态度诚恳，语言平易，言简意赅，尽量避免使用专业的法律术语，以便文化程度不同、职业不同的人群都能够正确理解和接受检察建议书的内容。

检察建议应突出"广泛性"。犯罪是社会正常秩序的异化，犯罪具有多方面的根源，每一个案件背后可能发现诸多社会治理的问题，这些问题或多或少反映了改革深化中的一些情况。针对这些问题，特别是通过司法办案中发现的问题，广泛向行政机关、企事业单位等发出检察建议，纠正和防止违法违纪行为等，意义十分重大。小到普通犯罪背后的问题，比如针对学生宿舍楼留宿犯罪分子，暴露在学生宿舍楼管理上的疏松，以致学生能够随意留宿外来人员等问题，发出相关建议，使该问题及时得到有效控制。大到虚开增值税专用发票使国家遭受几十亿元的经济损失等，如有的检察机关针对办理的虚开增值税专用发票案向涉案的171家税务机关发出284份检察建议，极大地促进一些问题的解决，效果良好。

检察建议应突出"针对性"。从案件背后发现存在的问题，并针对问题提出相应的建议，这对检察机关工作人员提出了很高的要求。作为一种建议，有的放矢是根本要求，不仅是发现问题，而且要解决问题。这也要求检察建议不是空洞的而是具体的、有针对性的，区别对待不同案件中反映出的具体情况，结合实际提出科学、合理、有效的建议，以便有关单位采取整改措施。

检察建议应突出"可行性"。向相关单位发出检察建议本身并不是目的，促使建议的落实，达到防范于未然才是目标。因此，在发出检察建议时，应注重建议的可行性，不惧细而惧空，应该从解决问题的角度出发，避免空而大的"宏论"。实践证明，只有切实可行的建议才能真正被被建议单位采纳，也才能达到预期的目标。当前的一些关于法律监督工作考核设计时,以发出多少检察建议作为一个指标,这值得探索和反思。诚然,指标的考核可以促进工作发展,但是也可能导致应付考核而乱发检察建议行为的出现,这与检察建议本身的目的背道而驰。

检察建议应突出"实效性"。一份检察建议的发出并不代表工作的结束,真正发挥其应有的作用才是工作的目标。对已发出的检察建议,应注意及时跟进,掌握被建议单位落实检察建议的情况及落实中出现的问题,与有关单位加强沟通,认真研究讨论,寻求解决问题的良策。

通过以点观面,从微观看宏观,通过办理具体案件发现存在的一些漏洞和问题,积极向相关单位发出检察建议,是检察机关落实社会治理的有效措施,也是为构建和谐稳定的秩序、实现平安社会的重要手段。

检察建议虽是建议,却有着相当重要的社会价值和作用,在法治建设不断发展的进程中,期冀检察建议有更大的作用空间。

公诉立场与公诉能力

中国特色的社会主义检察制度在政治性质、宪法地位、具体职能、组织体制、行使职权、决策机制上都是与我国历史文化传统和社会主义初级阶段的基本国情相适应的。公诉制度作为检察制度的重要组成部分,在以监督属性为基础的权力建构中具有独特的历史作用。以监督作为检察权基本属性的权力中,公诉权明显的具有监督的属性。公诉权的性质决定了我国公诉人员公诉能力的独特性,它不仅蕴涵指控犯罪所需的必要能力,更具有诉讼监督和具体的业务决策方面的能力要求。

一

在人类诉讼制度的发展过程中,公诉权统由专门机关或人员行使,是国家权力分工的产物。近代社会控审分离则是公诉权得以产生的直接原因。公诉来源于自诉,在人类社会早期,国家并没有专门的起诉机关,而是由原告向法院直接提出控告,随着社会的发展,统治阶级认为犯罪行为不仅仅是对被害人的损害,而且是对整个社会的危害,于是兴起了由国家提起公诉的权力。公诉权的概念首见于1808年法国刑事诉讼法典,依该法典规定,请求定罪科刑的刑事公诉权,专由依据法律授予这种职权的官吏行使。由此可见,公诉权是对犯罪的一种追诉权,作为专门机关代表国家主动追究犯罪的一种诉讼权力,公诉权并非实体终极裁判性的权力。

公诉权源于社会活动中逐渐演化的公诉制度,而公诉权的确立更加推动了公诉制度的发展。但是公诉权与公诉制度是有区别的两个概念,公诉开始并不是因为有公诉权的存在,而是基于社会发展本身的要求形成了需要公诉的基本条件。公诉是一种诉讼活动,是由国家专门机关对侦查机关(部门)侦查终结的案件进行审查后依法向法院提起诉讼,指控被告人犯有罪行,要求法院对指控的犯罪进行审判,追究被告人刑事责任的诉讼活动。这种活动的合法性来源于公诉权的确立,正是因为国家确立的公诉权使得公诉活动具有法律上的意义。

公诉制度在历史上有不同的沿革,从国外上看,原始控告式诉讼中起诉是由私人承担,随着社会的发展,产生了以法国为代表的纠问式诉讼中公诉权交由检察官行使和以英国为代表的大陪审团式控诉制度两种模式,当然,现代社会英美法系也发展了成立专门机关行使公诉权的制度。从我国的发展历程上看,古代实行的是控告、告发、弹劾等多种方式并存,以官吏纠问为主的控诉方式;近代清末及民国时期,由于借鉴西方的法律制度,在法院内设专门机构承担公诉职能方式;新中国成立至现今,我们主要建立了由人民检察院专门行使公诉权的诉讼方式。

公诉权作为国家权力的重要组成部分,这一概念的内容在各国并不一致,通常认为公诉权包括不起诉权、起诉和抗诉权。有的国家不认为抗诉权是公诉权的组成部分,而认为是法律监督权的一部分,另有的国家认为侦查是公诉的基础,而认为侦查权隶属于公诉权。作为中国特色社会主义检察制度组成部分,我国的公诉制度决定了公诉权所蕴涵的权能不同于国外检察机关公诉权。我国的公诉权从属于检察机关的法律监督权,我国检察权的根本性质决定了公诉权的法律监督性质。在公诉工作中,无论是指控犯罪还是诉讼监督,从某个角度出发,都可以归属于法律监督的大范畴,这也正是我国公诉制度有别于其他国家的本质特色。

二

公诉权虽然是世界各国检察机关普遍拥有的一项基本职能,但是我国的公诉权从属于检察机关的法律监督权,因此公诉权的范围(基本权能)包括:补充侦查调查权、审查起诉权、出庭支持公诉权、公诉变更权(撤诉权)、不起诉权、诉讼监督权(抗诉权)及量刑建议权。当前关于检察机关法律监督权的争议很大。一国的政治体制、国家权力分配与建构与本国的国情、历史、人文、地域、民族、传统等息息相关,中国选择在人民代表大会制度下的法律监督权、行政权分立具有现实合理性。

所以探讨公诉权是司法权还是准司法权等都陷入了一个前提错误的怪圈，那就是把国家权力分成立法、行政、司法三权，而且认为这种分类具有天然的合理性。

从人类权力分立的理论考察，分权致衡的理论提出并非一开始就是三权分立。事实上，英国早期思想家洛克总结了古希腊和罗马的分权思想，认为国家权力应分为立法、执法和外交权。而继洛克之后，法国著名思想家孟德斯鸠提出了著名的立法、行政、司法三权分立学说，这一学说逐渐被西方国家接受并成为了建立国家制度的基础。由此可以得出，三权分立并不是一个国家权力建构的根本，根本在于权力的制衡及分权原理，这是基础。分权原理要求的是权力分立而非三权分立。根据各国自身的历史发展轨迹和文化人文传统，四权、五权分立等都可以，目标是权力制衡。所以，未来的变革中，很有可能在人大制度下单独设立另一种机构对国家公职人员进行监督。如同我国台湾地区的"监察院"，专司监察职责。这种权力架构本质上在于分权制衡。

探讨公诉的价值立场更不能不依赖于我国的政治制度和国家权力的分配问题。持公诉不是司法权的观点多数立足于西方那种权力分立和司法权格局的条件立场。而并没有考虑中国自身的权力建构和国家权力分配问题。从某种角度上说，西方的政治体制未必适合中国，需根据中国国情来恒定自身国家权力的运用和分配，才是我们应有的思考问题路径。西方式民主的进程有其独特的历史背景和文化传承，如英国1215年大宪章已经就分权有了一定基础性的规定，经过几百年的发展，到了今天比较完整的制度架构。而与此同时，新中国以往的历史贯彻着不变的专制及养成独特政治强势格局的文化基因，这些因素加上现代化的进程才是真正构成中国自身的民众与政府、政府之间的权力分配等。因此，中国自身制度下的公诉权价值取向就不能照搬照抄西方国家公诉制度的价值追求。作为法律监督权的一部分，公诉权既蕴涵司法权的基本属性，又具有法律监督权的根本要求。从某种意义上说，国家在追诉犯罪的时候，公诉蕴涵了维护公平正义价值取向下的权属多样化属性，这种权力的性质决定了在我国司法体系下，公诉人员的能力必然是多样而丰富的。

三

司法的最终目的是实现公平正义。因此，公诉的最终立场也是以维护公平正义为目标。但是这种大概念性的泛指化目标并不能使具体的司法运行中各个层次的立场得以明晰，侦查、公诉、审判，刑事诉讼的一系列过程都是为了维护社会的公平和正义，使犯罪的人得到法律的追究，使受害的人得到法律的补偿。即便如此，在同一价值取向下，不同阶段仍有不同的目标和立场，这些阶段性的追求构成了最终整体性的价值取向。因此，公诉本身具有在这一阶段的基本要求，特别是在中国自身的政治构建和权力运行机制中，检察机关的法律监督权是国家权力的重要组成部分，而作为检察权重要内容的公诉权必然具有自身特色的要求和目标。由此，至少有以下几个立场值得关注。

公诉的基础立场：指控犯罪。从公诉发展的历史进程看，一般认为，公诉权系基于国家对犯罪行为的刑罚权而产生的诉讼制度上的刑罚请求权。指控犯罪是公诉的基本职能。因此，公诉的立场首先是指控犯罪。公诉检察官在刑事诉讼中是控诉主体，代表国家和社会指控犯罪，是刑事审判程序的启动者，承担着打击犯罪的法定职责。在刑事审判活动中，公诉方和辩护方处于直接对抗的地位，必定存在维护指控的内在动力。当然，这种指控是检察官代表国家行使的刑罚请求权，是对犯罪的一种追诉的权力，这种追诉本身不具有最终的处置权力，对被告人的定罪量刑是由法院作最终裁决的。

公诉的价值立场：保障人权。公诉检察官又不仅仅表现为单纯的控告人，作为国家法律监督机关的执行者，还要通过指控犯罪来达到惩罚犯罪、保障人权、维护法律进而伸张正义这一更高层次的目标。检察官必须出于法律的利益和公正的需要寻求客观真实，而不仅仅是为了"反对"被告人。从这一意义上说，公诉检察官在履行代表国家指控犯罪职能的同时，还担负着维护法律利益和公正的"客观义务"。检察官守护法律，使客观的法意旨贯通整个刑事诉讼程序，而所谓的客观法意旨，除了追诉犯罪之外，更重要的是保障人权。刑法的价值也如此，离开了人权保障，强大的国家权力可能对民众产生的侵犯不容小觑。

公诉的客观立场：诉讼监督。从我国检察权的内容上看，有部分职务犯罪侦查权、公诉权、批准逮捕权、刑罚执行监督权等多方面内容，这些权力并非都是监督权，有些权力只是具有监督属性。整体权力的监督性并不必然等同每个具体权力都具有此属性，从本质和诉讼权力分配上说，公诉权不是监督权，只是具有监督属性的权力，或者应该说检察机关具有的监督权使得公诉的立场除了指控犯罪、保障人权以外，具有监督的属性。严格意义上说，现代公诉权具有守护法律、公正追诉，监督警察、规制侦查，制约法官、防止专擅的理念。这些理念实质上说明了公诉的诉讼监督立场，如果就单纯地打击犯罪与追诉诉讼效率而言，极端地说没有检察官仅仅有警察会更有力地实现这些目标，而检察官的存在价值就是代表国家客观公正地打击犯罪。同时，由于中国自身独特的政治文化，诉讼制度的建构使得公诉负有对审判机关的监督义务，因此，检察官有权提起抗诉，启动新的诉讼程序，以救济不当的判决。当然，这种诉讼监督的涵义不同于监督权上的"监督"，他对侦查而言没有确定的决定性，对审判而言没有强硬的制约性。无论是作为抗诉的监督还是检察机关赋予公诉初查权等，都只是一种程序性的权力。法院最终是否受理并不受检察机关的制约，因此，这种监督只是一种提请性的权力，并非学界所言又是运动员又是裁判员的终局性权力。软性监督在检察机关法律监督的工作进程和权力配置中，体现得十分明显。

四

公诉的立场决定了在中国司法制度内检察官在行使公诉权时所应具备的基本工作能力。可以认为，公诉检察官为了更好地行使公诉权能，实现公诉的最终价值追求，应具备以下几个方面能力：

审查判断事实证据能力。要求公诉检察官正确分析把握案件事实和证据,全面分析具体案件中的从轻、从重情节,全面分析情节从宽从严的证据要求和证据标准,提高对是否构成自首、立功、坦白、及悔罪认罪态度等问题的判断能力,更好地处理案件。

正确适用法律能力。要求公诉检察官精通法学基本理论,熟悉各类法律规定,在严格依法的前提下将刑事司法政策的要求贯穿案件的处理过程中,客观把握法律的基本内涵,不是机械主义、本本主义,不讲原则、不讲政策;而是在全面分析案件事实证据的基础上,运用政策的指导,准确适用法律,提出起诉或不起诉处理的意见。

出庭支持公诉能力。要求公诉检察官客观公正证实犯罪,提高指控犯罪的精确度,增强证据意识,严格把握公诉证明标准,坚决摒弃单纯依靠推理链接证据的做法,确保出庭支持公诉能够有力地指控、揭露和证实犯罪。

教育、转化和挽救犯罪分子的能力。要求公诉检察官注重对犯罪分子的思想改造和说服教育工作,促使其认罪悔罪,明确办案的根本目的不是惩罚而是改造犯罪分子,在办案中不能单纯为办案而办案,为结案而结案,牢固树立办案政治效果、社会效果和法律效果有机统一的要求,尽最大努力教育和改造犯罪分子。

化解矛盾纠纷的能力。要求公诉检察官增强化解矛盾、促进和谐的本领,把化解矛盾贯穿执法办案的始终,对家庭矛盾、邻里纠纷引发的犯罪,注意做好调解工作,讲究执法策略,改进执法方式,既懂法律又懂政策,既严格执法又善于做思想工作,加强调解疏导,做到案结事了。

履行诉讼监督能力。要求公诉检察官认真执行法律赋予检察机关的监督职责,不仅公诉执法中要贯彻落实刑事司法政策的要求,提高侦查监督和审判监督能力,而且要提高监督审判机关、公安机关贯彻落实刑事司法政策的能力,保证刑事司法政策在整个诉讼环节的落实和体现。

诉讼文书制作能力。要求公诉检察官保证工作中的各种法律文书符合规范的要求,案件审查报告、公诉词等文书增强逻辑性、说理性,体现案件处理时如何考量落实刑事司法政策的具体要求,达到有效揭露犯罪、指控犯罪、维护司法公正的目的。

公诉业务决策能力。要求公诉检察官提高公诉业务领导、指导和具体案件的判断等决策能力。在决策时,应结合社情、区情、犯罪情况和社会治安局势,综合考虑案件的证据、事实,全面分析案件的处理要求,得出一个综合的判断,克服眼界太窄、决策随意等,更好地落实宽严相济政策的具体要求。

当然,公诉检察官所需要的能力还有很多,这些只是最基本的能力要求。随着时代的变迁,其能力的内涵和范围将逐步拓展并更加多元,也会有所侧重和不同。这些不同,都深刻印记时代的烙印,有着独特的传统。

公诉职能的充分发挥是实现公诉价值追求和维护司法公平正义的重要途径,而这其中检察官的作用则是公诉职能实现的根基。美国著名的法律家和法学理论家卡多佐阐述了司法官员在司法过程正确行为的标准,逻辑、历史、习惯、效用以及为人们接受的正确行为的标准是一些独自或共同影响法律进步的力量,在某个具体的案件中,哪一种力量将起支配作用在很大程度上取决于将因此得以推进或损害的诸多社会利益的相对重要性或相对价值。因此,公诉检察官处理个案时法律效果和社会效果的兼顾,刑事政策的执行,法治理念的深化都应掌握基本的公诉能力,以便更好地实现法治和公正、高效、权威司法目标。

赦免"原罪",应慎重

在经济体制深刻变革,社会结构深刻变动,利益格局深刻调整,思想观念深刻变化的现今中国,一切问题都似乎有反思和探讨的可能。不同利益群体借助各自的"实力"发出纷繁复杂的声音,很多似是而非的观点经常从在某一问题上精研多年的专业人士、专家学者口中娓娓道来,更增加了高层和普通民众判断的难度,精英阶层试图掌控社会话语权,既得利益集团不惜一切代价动用可以利用的所有资源。"贪官原罪"、"法罪错位"、"功罪合一","以党的十八大为界,之前的腐败有条件的免除,以换取对改革的支持"……这样一些探讨所谓"原罪"的情况而发表的"高论"不时闪现在媒体之上。

以企业"原罪"为例,论者认为,很多企业在创业中,是跟随改革的步伐迈进,而改革本身就是对现有体制的突破,因而"先天"带有突破旧规的特质,这样的创业必然带有一些无法抹去的"伤痕",历史应该宽容这样的过失,否则幸运的就是改革的典范,而不幸的则成为落网之鱼。对此不应苟同。一则,论者只是通过一些企业商人、官员的巧合性落马而加以整合,好比看见同一地方来的三个人都光脚就说这个地方的人都不穿鞋这种假设一样,一些恰巧犯罪的商人、官员,就把他们归结一块,这没有任何意义。二则,这些论者是否真正从法律、法治的角度思考问题,看待事情,是否真的了解犯罪的商人、官员触犯了法律?从司法惯例看,没有系统看过案件卷宗,没有真正了解整个案情,仅凭报道和猜测就说他们获罪是历史原因,论点之依据何在,值得探讨。三则,法罪错位乎?在中国现行的司法体制下,法院改变检察机关指控罪名并不少见,检察机关变更公安机关移送案件罪名而以新罪名起诉更是司空见惯。因什么诱因被捕之后又以什么罪名起诉没有必然联系,一个受贿犯因殴打他人被捕,而后自己供出受贿,打人事实因情节轻微不构成犯罪,司法机关以受贿罪起诉他,能说起诉改变罪名是有诱因的吗?能以此为理由就说要专门"整治"某些人吗?不知道是论者对法律的理解有错位,还是故意混淆视听。四则,刑法有从旧兼从轻原则,如果当时行为构罪,而现今认为不构罪,那也不会被处罚。如果前后都认为是犯罪,那处罚其行为,何谈是"原罪"。

事实上,就严格从法律的角度上说,一个人的行为要么构成犯罪,要么不构成犯罪,构成犯罪了且在追诉期内,就应该受到法律的惩处。

被惩处的偶然性或者不公平性一定程度上源于司法实践本身不可能把所有的犯罪事实都查清。古今中外，世界上没有任何一个国家能够把所有的违法犯罪行为全部查清、全部惩处。一些人以此来论述某些商人、官员被抓是因为政治原因，实则张冠李戴。把一些违法违规的商人、失职渎职的官员因为政策调整而现出"原形"进而被追究刑事责任归结于政治现象，归结于政府宏观调控，归结于所谓"原罪"和灰色现象，把百姓坊间谈资的个案归结成一种现象，把人们想象和演绎的情节归结了权谋争斗，无论如何，这种归纳的合理性和规律性都有待探讨。

从另一个角度说，姑且不论有无原罪，就是有，赦免所谓"原罪"，是对勤劳致富的一种侮辱。在几千年的文明传承中，我们形成了自己独特的历史文化。这其中，勤劳致富的观念是传统历史文化精髓的一部分。试观一些犯案的商人，在迅速积累财富过程中违法违规情形屡见不鲜。他们并非在法与非法、罪与非罪之间周旋，而是本身知道突破了体制和法律的要求，甚至利用行政资源作为资本的助推器，勾结腐败官员，狼狈为奸，侵吞国有资产……这对那些勤劳养家、辛苦致富的普通中国百姓而言，如果不处罚他们，不能不说是一种侮辱。贡献一点点地方经济的发展永远无法与这种对社会、对道德、对伦理的伤害更值得人们去谴责。这种不当财富来源，以及由此引发人们对传统文化、对软性社会发展的不信任，进而引发不择手段地追逐财富等严重弊端，很值得我们深思。这也使得很多人误认为，不用勤劳就可以致富，不用奋斗就能获取财产，只要敢在违法和合法的刀尖上舞动，就可以拥有巨额的财富。社会如果可以这样放纵所谓"原罪",可以这样在无序中前进,可以这样产生贫富差距,那不仅是社会的悲剧,更是民众的无知。

赦免所谓"原罪",也是对管理制度的一种伤害。平等来源于多方面,人生而平等,这是一种理想。但是,后天的社会制度应该最大限度地保障人们能够平等。通过一系列难以启齿的行为获得财富后,然后希望社会对这种行为宽容理解,这好比早期资本主义国家通过贩卖黑人而获得巨额原始资本积累一样,积累完了以后,希望全世界甚至那些被侵略的地方宽容这些行为,这能宽容吗?国家、社会的存在,必须有相应的规则在维系和实现,以最终达致社会的平衡,这些规则、管理制度是不能够轻易被打破的,否则人们的平等生活随时可能散失。在资本原始积累之初,这些犯事的商人、贪贿的官员,其方式和手段经常违背现代管理的具体要求,如果这种违背在事后进行无原则的宽容,等于告诉人们,管理制度不是平等的,当初你要是敢做,现在就有收获。这种伤害的代价换来的是民众对现有管理制度的不理会,现在要是敢做,将来依然可能不会得到追究,则现有的国家和政府管理有存在的必要吗?古人尚讲究王子犯法与庶民同罪,难道走到今天的历史,我们这些拥有巨额资产、有"原罪"的商人、官员就不应该受到惩处吗?如果可以这样,那不仅是政府的无能,更是时代的伤痛。

赦免所谓"原罪",更是对法治的一种蔑视。法治意味着法律面前人人平等,治理国家的基本手段是人人都遵循大家共同制定的法律。现今,我们正是往法治国家漫漫征途上迈进的时候,无论是达官权贵还是草根百姓，任何对法治的蔑视都应该遭受时代的唾弃和民众的谴责。"原罪"如果赦免，意味着不追究曾经的违法违规行为，也意味着有一些特殊的人物不用遵循法治的原则。为什么呢？因为这些违法违规在主张赦免"原罪"的论者眼中是有历史原因的，是改革的必然代价，是推进改革的必要。但事实并非如此，在改革之初，所有的社会群体都受益于改革的政策和开放的进程，而时至今日，改革的每一步都可能触犯不同的利益群体，既得利益集团是不可能放弃自己手中掌控的资源，普通民众生活的改善需要政府付出更大的代价，法治的进程也有可能因此异常的缓慢。按法治的要求，法是不溯及既往的，如果过了追诉期，那么自然不予追究，如果根据当时的法律不构成犯罪的，也自然不予追究。恰恰相反的是，这些犯事的商人、官员的所作所为都违反的是当时的法律法规，如果不予追究，那就是对法治的一种蔑视。今人都可以用现在的政策否认以前某些人的违法违规行为，那谈何法治。一言以蔽之，本来异常薄弱的法治进程不能遭受"异类"政策的侵袭。

民企原罪，贪官原罪，资本和权力结盟的财富积累模式，腐败的温床和变异的发迹进程……在我们关注民生、关注社会公平、关注法治的今天，这些阴霾是应该清扫了。对那些官商勾结、权钱交易、违法犯事的不法商人、贪贿官员，社会不是给予宽容，而应给予严惩。我们要做的是告诉人们一个这样的事实，法律面前人人平等，遵守法律没有例外，违反法律必须严惩！

公然挑战法律权威行为应予严惩

某地水产市场未经审批就擅自建设,并公然占压城市规划中的两条主干道及高压供电走廊,该违章建筑被城市规划部门定性为该市近年来建筑面积最大、性质最恶劣的违法建设。然而,这一未经土地、规划、建设等相关部门审批许可的违章建筑,在被行政执法局下达停工通知后却依然置若罔闻,继续开工建设。

在政府明令禁止之后,却公然违法,如此挑战政府行为、罔顾法律权威的行为实属罕见。姑且不究背后原因如何,就这一行为本身的影响和危害令人深思。一则,加大执法成本。根据行政处罚法的有关规定,受处罚方有60天的复议期,如逾期不申请复议,也不提起诉讼,又不履行处罚决定的,行政执法机关将申请人民法院强制执行,或由政府批准组织强制拆除。

根据记者的调查表明，水产市场违法建设行政处罚后再次顶风复工，甚至与执法部门玩儿起了猫鼠游戏，尽量在晚上施工。一旦施工完毕，显而易见，拆除的成本、后果影响将会加大。二则，可能引发群体性事件。该水产有限公司原始股东45人，而今，近千名被拖欠工程款的农民工以及参与垫资建设的村民也加入股东行列，从而出现一直以来建设项目的"先建楼后办手续"现象，造成生米做成熟饭的客观事实，建设方的做法如此用心险恶，一旦该市场被最终决定强制拆除，涉及的股东人数众多，拆除的难度加大，涉及的利益更多，处理不好很容易引发群体性的对抗执法活动。

法具有预测作用，法律指导下的行为更具有社会的普遍指导意义，明显违法的行为因为客观原因或者将来行政执法效益原则的考量而被事实认可，这种情况屡见不鲜，也可能引发社会规模的群仿效应。按照目前的建设和吸引股东的进程，由于涉及的人员众多，涉及的社会关系复杂，处理难度将会很大。而且根据行政效益原则，如果强制拆迁进行处理的成本远远大于采取其他方式处理的成本，那么，建成的水产市场很可能被保留，由此引发的不良社会后果将是长远的，会促成更多人漠视政府禁令，行走在法律边缘，实施违法行为，这对当前构建法治权威无疑是一个巨大的损害。一件细小事情考问着法的价值衡量，体现了法律在现实中执行的变异和无奈。

当然，让人费解的是，据报道，水产市场在正式开建的第二个月就已为当地部门察觉，却为何一拖再拖，屡禁不止，致使违法建筑越建越大呢？照此情形下去，倘若继续纵容，则置公权于何地？违章建设固然可恨，有关部门不作为更难以容忍。政府的权威来自于依法办事，而依法处理的后果却无法实现，则损伤的不仅仅是政府的权威，更是民众对法律的信仰和尊重。违法不处、违规不惩，谈何建立法治权威。尽管行政执法局有关人士在受访时表示了"法律赋予行政执法的强制手段太少"的困惑。但执行不力即如同姑息养奸，违法建设何去何从，将直接考验一个地方的执政能力。因此，对此类顶风违法行为应予严惩。政府应采取各种措施，及时向社会和民众曝光、宣传违法行为的危害性，避免行政处罚生效后强制处理成本和损失的增大。此类事件不能单纯衡量经济损失和人员众多的行政效益，应从长远影响来思考，不管处理难度，都应该严肃处理。强制拆除，这是从处理结果对社会标本意义的角度来衡量处理的成本，其意义不仅是依法办事，更是树立法律权威的基本途径。法无权威，则政令不行；政令不行，则民风难改、社会难安。

构建和谐社会，法律的权威必须得到维护。没有法律权威就没有秩序，没有秩序的社会谈何和谐。不遵守法律如果成为一种经常发生的现象，就会使社会公众普遍产生对法律的轻视和忽略心理，进而对法律的权威和尊严造成严重损害。挑战法律权威等于挑战整个社会法治的进程。这种危害后果不可估量。维护法律和依法作出决定的权威是整个社会共同的责任。对此种顶风违规、无视法律权威的不和谐因素应坚决予以取缔和惩处，由此彰显社会公正和法治处理的积极意义。

法律是社会最基础的底线，公然违法行为大行其道，必然损害法律权威。损害法律权威就是损害自身建构秩序的共同价值评判。一城一地得失虽小，长久形成的漠视法律规则的氛围事大，最终法将不法，影响的是每个人自身的利益。

法官给检察官打分要慎重

近年来,为了对出庭检察官工作进行考核,各地不时出台了许多新举措,然而有一些举措着实让人有些震惊:日前,在某地法院的一次庭审中,坐在审判席的法官们手中多了一份《公诉人庭上表现测评表》,审判长在仔细聆听着法庭上辩论的同时,要根据公诉人在庭上语言表达、仪态仪表、庭审节奏等表现,在庭审结束后在测评表上给出评价意见。报道说这是当地检察机关近日推出的"新举措"。姑且不论这种做法从法律角度上是否合法,至少其不合理之处有三:

这种方式违背了审判中立的原则。据当地检察院负责人介绍,此举意义在于可以增强检察官出庭支持公诉的责任心,避免检察官以法律监督者自居,不听从庭审法官的指挥,出现尴尬局面。然而,依据刑事诉讼法规定，公诉人与被告人之间是平等的控辩双方，法官是居中裁判的，法官在法庭审理过程中，以事实为依据，以法律为准绳，对案件作最终判决。检察官在出庭支持公诉中存在违反法庭纪律或者其他程序违法的情况，可以依据有关法律司法解释或有关规定办理，不能为了防止此种情况发生而以法官给检察官打分为"招术"。同样的，为了不让公诉流于形式，应该从法官角度，从诉讼庭审的实质性功能建构入手，赋予庭审中控辩双方平等，法官居中裁判的实质性意义，而不能通过打分考核来实现。换言之，如果司法局依理推出法官给出庭律师打分，以提高律师的素质和能力，这岂不荒唐！神圣的法律殿堂岂不成为了一种游戏的场所。如果可以，检察官、律师是否可以给法官庭审打分，以判断其是否称职？

这种方式难以真正评价检察官司法水平高低。检察官办案质量的好坏，进而溯及对检察官个人水平和能力高低的评价，其标准是复杂的。而复杂的评判机制中最重要的是对案件质量的评价，评价案件质量具体有是否把好实体关、程序关、效率关、效果关、法律监督关等。法官对检察官的打分虽然不失为一定程度或某种意义上衡量检察官某些方面素质的高低，但从整体上看，很难真正体现检察官的司法水平和综合素质。检察官的素质和能力应以办案质量为基本评价标准。社会和民众希望看到的是刚正不阿、秉公执法、清正廉洁的形象，而不是在法庭上能够风度翩翩、夸夸其谈的"良好"形象。如果就语言表达、仪态仪表、庭审节奏等打分，那么庭审群众也可以打分，这些不涉及专业判断的外在要求难以从根本上反映检察官司法水平和民众对检察官司法办案的满意度。

这种方式不利于检察职能的发挥。虽然司法的最终目的是实现公平正义,因此,检察官出庭公诉的最终立场也是以维护公平正义为目标的。但是这种大概念性的泛指化目标并不能使具体的司法运行中各个层次的立场得以明晰,侦查、公诉、审判,刑事诉讼的一系列过程都是为了维护社会的公平和正义,使犯罪的人得到法律的追究,使受害的人得到法律的补偿。即便如此,在同一价值取向下,不同阶段仍有不同的目标和立场,这些阶段性的追求构成了最终整体性的价值取向。出庭行使公诉权的检察官与行使审判权的法官是有不同的职业立场和职业要求的。检察官出庭公诉本身具有在这一阶段的基本要求,特别是在中国自身的政治构建和权力运行机制中,检察机关的法律监督权是国家权力的重要组成部分,而作为检察权重要内容的公诉权必然具有自身特色的要求和目标。如果出庭法官可以给检察官打分,而这种打分还与检察官的考核等相挂钩的话,从实际层面上等于把检察官的个人前途命运部分放在法官的手里,检察官与法官形成了一定程度的利害关系,法官的判断将极大影响对检察官的评价,从某种程度上说可能影响检察官独立行使检察权,充分发挥公诉职能,也容易使检察官唯法官是从,在庭审过程中不敢监督。

评判检察官的工作,可以探讨很多措施。改革的本意或许是好的,但是改革的措施需要慎重考虑。司法权的运行特征决定了一些创新是不可行的，司法特性更决定了不能以行政效能来考核评价司法工作。公平、正义是司法永恒的工作主题和价值追求，衡量司法官员工作的指标应该立足于最终的价值取向，而不应也不能过分的量化考核，更不能违背司法工作原则进行创新和改革。

用法保障讲真话

北大著名教授钱理群曾经说过,力图说真话,不能说真话,就保持沉默,无权沉默而不得不说假话时,就不应伤害他人。很明白的一句话,却需要深刻领悟、理解。孩提时代,总是被鼓励说真话,要做一个诚实的人,不能讲假话,诚信为本。而今,却不是如此,好话套话充斥很多空间,充斥着不少生活圈子。究其根源——真话的代价。

人是趋利避害的,人们在逐渐成熟过程中,学会的第一件事就是衡量利害关系,我们之所以做一些事不做一些事的取舍,很大程度上是因为从自己的角度判断,做这事是否值得。说话亦如此,是说实话还是虚话,说真话还是说假话,很大程度上取决于我们说话所付出的代价。按经济学原理,我们最终说什么话取决于所说的话是否成本最小而收益最大。于是,说话就有了代价，有了代价就有了衡量，说出的话是否会导致自己不利的影响呢？说还是不说，说了得到的利益又是什么，博弈的结果最可能得到折中的效果，于是我们信奉的"善缄其口，沉默是金"就大行其道，因为不说的代价最小，收益却只会递增不会递减。

然而，不管怎样，真实的事情总是存在的，于是就有了真话假话之分，就有了讲真话的要求。但讲真话是要代价的，真话的代价有多大？有时候真的很大。在封建王朝里，一句真话的代价可能是自己充满激情的生命随之烟消云散。有史料称，甲午战争前夕，慈禧太后要改造清漪园工程，准备大建颐和园，时任户部尚书阎敬铭就是说了一些国库空虚、建议停修工程的真话，丢掉顶戴不算，差点让自己的性命丢失在庄严的皇宫之内。八国联军侵华战争时，天津大沽炮台已经失陷，守将罗荣光壮烈殉国，可大学士徐桐、礼部尚书刚毅却大言不惭地说打胜了，而这么说却受到慈禧的大加赞赏。在特殊时代里，真话让人失去自由，失去了人格，失去最基本的做人尊严，一句真话让一个人付出了生命的代价，这不能不说是我们民族在特定时期的悲哀。

日常琐事不说真话，影响一两个人就罢了，如果国事不说真话，那影响的就是整个国家了。有的官员说了一些真话，说了一些简单的真话，一些本来就应该让我们知道的真话，就得到了一片赞扬。民主法治发展到今天，只是说了一些真话而大受民众赞颂，说明了什么？除了赞扬之外，是否感到一些悲凉——我们的真话是如此之少。为什么不说真话呢？难道真的是人人都不想说真话吗？人都是趋利避害的，不说真话也许有不说真话的理由,那就是说真话的代价太大。

我们是人民当家作主的国家,人民通过人大管理国家各项事务,通过人大选举组成政府。因此,我们的政府是人民的政府,理应让老百姓让人民知道我们所发生的事情,刨去为维护国家、社会、民族利益而有一些事项需要保密,很多事情应该是公开,人们应该有权知道,这就是民众知情权。民众知情权的无法实现凸显法治的缺失。真话的代价是因为讲了真话可能给自己带来的是严重的后果,在我们依法治国逐步深化的今天,这种状况或许会有所改变。法治是真话的保障,有了权利保护,人们敢讲真话,因为真话的代价已经缩减到最低限度。在法律的保护下,人们敢于也勇于表达自己内心真实的想法。因此,为了我们能够放心地道出真话,为了不要让一个高级官员仅仅因为讲了几句真话而受民众赞颂事情再见报牍,我们应该呼吁法治,让法治规制我们的言行,规制我们讲话的代价。

自古忠言逆耳、良药苦口,普通老百姓之间不讲真话,那是个体的选择,有违道德但不一定违法。如果官员在涉及民众利益的事情中不讲真话,那是需要法治规制的范畴。在法治的道路上,真话越多越好。社会、法律应该为讲真话撑腰,让讲真话成为一种时尚,成为风清气正政治生态的标志。

公平与正义，理想和现实

"正义不仅要实现，而且要以人们看得见的方式实现。""一个时代的法律精神是这一时代一切社会制度的价值基础，任何法律制度一旦权威性地形成以后，人们必须以宗教式的虔诚去捍卫它，任何非正统式的否定、修改、曲解法律的行为或者动议都是对社会正义的直接危害。"……生活中，我们不时听到这些对公平、正义法律精神的经典阐释言语，也深深为先哲们对事物一针见血的判断和概括而折服。然而，回归到实际生活中，很多时候我们也不得不经常地对内心深处渴望信服的这些至理明言产生怀疑或哀叹——原来现实中法律的作用并不是理想中的那样，或者说，它犹如美丽的彩虹，璀璨而短暂。也由此，使我们开始更加深入地思考一系列问题：是我们的时代造就这个时期法治步履的蹒跚，还是难以更改的传统缔结了无法前进的历史障碍？是人文环境的坚硬使得公平成为理想，还是制度建构本身就无法逾越理想的鸿沟？一切一切的思索，其实都是回归到对公平、对正义的思考，回归到对人类本性判断的探讨，回归到生活中的哲学和哲学里的生活。

生活中的哲学，把视角切中邓玉娇案、许霆案等众多案件。邓玉娇案、许霆案等已经被无数人用或法律，或生活，或反思，或批判等不同的角度阐释了，这些案件注定成为中国法治进程中一个个伟大的历史性事件，它的意义已经超出了法律解决争端的范畴，更大程度上体现了人们对自己生活方式和法律调整手段的思索，更多地引发的是对民意、法治、公平、正义等价值层面上的探讨。然而，让人更加感兴趣的是与这些案件相似的很多事情的处理，以及司法实践中常见的与这些案件高度契合的一些个案的判断和处理。特别是，只要有案件处理的差异，就会出现一个奇怪的现象——个案的具体是非曲直有时被置之一边、少有关注，整体性司法不公的感观导致很多人借机进行情绪性宣泄，这种现象反映出民众对司法的可怕对立和怨恨。我们虽不是消极主义者，但是，综观古今中外，结合各国的司法与现实生活，在某种程度上，我们或许对公平、正义可以这样评价：公平，只能是相对的公平；正义，也只能是相对的正义。

哲学中的生活，应该把目光对准卢梭。人生而平等，卢梭用这句话给现代民主制度种下了深深的思想种子。今天的开花结果已非他所能想象。但是，我们更应该这样理解：这句话更多的是一个希望或者愿望。

事实上，人生而不可能纯粹平等。姑且不谈古人出生在王侯将相、贵族豪门与寻常平民、万千百姓家的不同，就论及今日，人的出生就注定了人生不同的轨迹和生活。当我们举出一百个、一千个通过个人后天奋斗而改变人生命运的人时，我们忽略了这样一个现实——我们也可以举出一千个、一万个因为出生而就注定了优越人生路程的人。这种不公平是必然的，于是，我们把公平寄托在法律上，寄托在法律面前人人平等，运用法律面前人人平等来抵消人客观上不平等所带来的无奈和气愤。但是，法律上的权利终归是纸面上的权利，真正能否享受公平，更多的是跟随时代的发展进程且受制于经济基础。即便是美国，其宪法上的权利也是随着社会的发展一步一步得来的，否则就不会有美国社会20世纪70年代的大反思，也就不会有美国黑人为追求宪法上的权利而流血牺牲等情形的出现。究其本质，公平也是相对的、逐步的。

  由此，我们更应该明了，法律面前人人平等尽管有许多现实的保证，但并不等于现实中的真正平等，真正的公平只是一种理想。即使我们的立法规定了一系列的平等权利，也只是为这些权利的行使提供了可能性，并非实际的机会。如劳动合同法明文规定，在招录职工时，不能有性别歧视，但实际上女大学毕业生寻找工作的难度远远大于男学生，时值每年就业高峰和就业难，这一问题更加凸显。因此，正如佩雷尔曼所言，法律的平等所意指的不外是凡为法律视为相同的人，都应当以法律所确定的方式来对待。而事实上，虽然法作为一种普遍的社会规范，必然具有一定的平等性，但是现实的真正的公平是不可能完全做到的。这也让我们明白一个道理，邓玉娇案可以这么判，那是因为有很多因素相互博弈的结果，其他相似的个案不会等同处理也不可能等同处理的，因为每个案子的因素是不同的，法治环境更是千差万别，从更深层次说，就是因为绝对的公平只是理想层面上才拥有的。

谈及公平，必然延伸到正义。对于这个问题，金勇义先生在《中国与西方的法律观念》一书中有一个经典的阐释，平等的观念可以从两重意义上进行理解。法律实证意义上的平等指适用法典和规定以获得法律之下的正义，这一意义的原则是在法律面前同类案件同等对待和罚当其罪。广义的平等，正如儒家思想中所表现的，它指法律之上的正义，即指基于人类情感和理性的思想道德原则。这些原则必定高于普通的人定法律规则。前一种意义上的平等观念防止法官因情绪摇摆不定而作出专断的裁决，后一种意义上的平等观念则对复杂多变的人类环境中因呆板地适用法律导致不当的情形提供救济方法。如前所言，广义上的平等更多是一种理想，那么由此而需要的法律之上的正义显然也是相对的。而即便是法律实证意义上的平等，也不可能同类型案件同判，这个在现实中比比皆是，无须多论。如果从中西文化差别上看，那结论更是不言自明。中国传统思想上的义，强调的道义上的正当、正义，更多含有道德层面的评价，而西方传统中正义概念则强调的是法律权利。于是我们国家正义的含义更加注重人在社会生活中的道德功能，这样的概念更只能是相对层面的，无法像法律权利上正义那样的绝对。

因此，虽然科殷也认为，在社会道德领域，正义排在第一位，至高无上。但是，这仅仅是阐述了正义的价值和作用，并没有阐释正义能否实现。的确，正义十分重要，正如乌尔比安说的那样，正义是给予每个人他应得的部分的这种坚定而永恒的愿望。如果正义的观念散失了，人们对社会的期望就会随之散失。但是，也如同博登海默阐述的那样，正义具有着一张普洛透斯似的脸，变幻无常、随时可呈现不同形状，并具有极不相同的面貌。正义是法律追求的目标，是人类社会最基本的美德和价值理想，但在权力社会体系中，正义也往往只能相对的实现，绝对的正义是不存在的。权力是社会体制职位的标志，而不是某个人的标志，当人们在社会结构中占据权势地位和支配地位时，他们就有了权力，一旦他们占据这种地位，不管他们有所作为还是无所作为，都会使人们感到权力的存在，都会对其他人的行为有很大的影响，这种影响使得法律在配置权力实现正义的过程中总是充满着变数，进而使正义的实现总是在利益衡量中得到相对的平等。

一言以蔽之，公平、正义是人类的理想，也是人类永恒的追求和目标。正因为公平、正义是一种理想和追求，也使得我们明确认识到，现实中绝对的公平和正义是不存在的，如果有，也就无须永恒地追求了。虽然古今中外众多"大家"对公平、正义进行了理性地分析和阐释，但是凯尔森就认为，正义的内容并不服从理性的检验，他举例说，在某种伦理观念中，人的生命是所有价值中最高的，因此杀害一个人，甚至在战争中杀人也是禁止的，但是，在另外一些人的观念里，为了集体、国家的利益，应当牺牲自己的性命并杀人，所以，正义是无法用理性阐释的。从这个角度上看，我们更明白了，正义具有主观性，正义是一种行为方式、更是一种价值判断。公平、正义的要求，不能把任何事务都等同化的思考和处理。邓玉娇案、许霆案等先后两个天壤之别的判断，并不代表所有相同或相似的事情都能如此地处理；因为，我们必须承认，绝对的公平，那只是理想的，绝对的正义，那更只是人类的追求。当然，我们可以在绝对公平和正义的理想目标下，相对地实现现实中的公平和正义，这也正是我们今天孜孜以求的目标。

天赋人权论从人的自然属性解释人权，解释公平和正义，这有一个很大的难题便是：人的自然属性何以能派生出人权，而其他的动物的自然属性为什么又不能派生出权利？再者说，人的天赋总不等同，因此，求平等就意味着人应该从平等出发走到不平等，这是一个百分之百的"悖论"。其实，正如恩格斯所说，任何两个地方"总会有生活条件方面的不平等存在，这种不平等可以减少到最低限度，但是永远不可能完全消除"。而人们正是在诸如此类的无法彻底消除的不平等中争取平等的。公平、正义，在理想与现实中经常出现反差的两个概念，让我们更加深刻地记住：人生而平等并不是指每一个人的一切平等，而是指人的本质是相同的，人格是平等的，这样的理解或许可以让人们对一些看似不公的现象少一些指责、多一些理解，少一些抱怨、多一些宽容。

理想是丰满的，现实是骨感的。从哲学角度上说，任何事物都是辩证的，公平、正义亦如此。我们在公平中需求更加理想的公平，在正义中找到更高层次的正义，这个过程是相对的，但也是逐渐走向更加文明的历程。

圈子与腐败

圈子，一个我们常见而又熟悉的词，在不同场合却表现着不同的魅力。圈子的意思有四个：一是环行的东西；二是范围和界限；三是传统的做法；四是集体或生活范围。日常生活中，我们经常会听见某某是演艺圈的人，某某是体育圈的人之类的话。圈子作为一个范围的界限，作为一个群体的标志，它原本是常见而又中性的。

人是群居的动物，有圈子是正常的。因为爱好而结成的共同圈子屡见不鲜，有基于热爱艺术而结成的艺术圈子，有热衷于体育而结成的运动圈子，更有因酷爱文学而结成的文化圈子，等等。圈子，让具有共同生活兴趣的人相互切磋、取长补短，共同促进、互相提高。圈子，让我们的生活更加丰富多彩、绚丽多姿。生活中，三五好友成为一个知己的小圈子更是人们生活的乐趣源泉。所谓圈子,原本无可厚非。

但是,有些圈子却让百姓深恶痛绝、让民众咬牙切齿,其中,腐败圈子就是一个典型。近几年来,查处的腐败案件越来越多呈现圈子状况,往往是拔出萝卜带出泥,一查就是一个整体性的腐败案件,一抓就是一个圈子里的人都落网。个体腐败也许是个人的原因,但是,整体或某个地方、部门群体的腐败则更多地带有圈子和制度因素。而且,这样的圈子内的腐败无疑极大地增加了查处的难度。圈子的集体对抗性和整体利益的瓜葛导致一荣俱荣、一损俱损,在面临被查处时必然表现出强烈的对抗。这种圈子往往危害性很大,给社会、给反腐败工作带来了很多负面影响。与此同时,法不责众这种传统的心理也使得现在一些腐败分子在贪赃枉法时极力形成一个圈子,把更多的人套在这个腐败的圈子里面,设置自己的保护屏障。

由此,我们应该认识到,不当的圈子危害甚巨。典型的危害巨大的腐败圈子姑且不论,就是日常工作生活中这样那样的圈子也会给一个地区、一个部门带来人事纷争、恩怨纠葛等,正因为如此,古人才一直留下君子不党的训导。圈子本身无可指摘。人是群居的高等动物,因为各种相同的理想、经历、追求等,都会形成一个个圈子和群体。历来,各种协会、商会、社团等都是一个圈子,也发挥了巨大的作用。关键的问题在于,结成圈子的目的和动机是什么,基于什么样的理由结成了圈子,结成圈子以后又做了什么。在现代社会中,不当的圈子往往给国家、人民、社会带来巨大的灾难。大到各种恐怖组织的大圈子，小到各种地痞流氓的小圈子，这些圈子危害民生、坑害百姓、利欲熏心、无恶不作，是人类的毒瘤，是社会的渣滓。同时，在机关、企业、事业单位里，存在的小团体、小帮派、小圈子，不仅不能促进部门单位的发展，更多地牵制和引发各式各样的争斗、内讧等，对党和国家的事业有百害而无一利。

因此，对于我们普通人而言，应当注意圈子。对于一个地区和部门的领导干部而言，自己的一举一动深刻影响着周围人，也是百姓评价政权好坏的直接参考因素，更应该警惕自身的圈子。

要警惕交友圈子。人活在这个世上，总是需要朋友，也渴望几个坦诚相对、肝胆相照的朋友。但是，朋友并不是越多越好，朋友圈子也不是越大越好，多一个朋友多一条路的说法并不总是正确的。对于手握一定权力的领导干部而言，朋友的定义和朋友有时候并不是那么的纯洁。权力是社会体制职位的标志，而不是某个人的标志。手握权力，周围的人就会想利用权力达到自己的目的，朋友这个时候就会自然不自然的多了起来。如果此时自身不清醒，认为朋友圈子越广越好，朋友越多越好办事，也同时帮助朋友办一些权力范围内的事，那么这样的圈子已经一步一步套住了自己，想抽身时也很难了。古人云，君子之交淡如水。说的并不是对朋友一定要平淡、不热情，而是说明了一种交友的境界，一种生活的态度。对待友情，对待朋友圈子，应该时刻有一种警惕之心，防止居心不良者利用朋友名义，打着某某圈子的人违法乱纪。

要警惕工作圈子。工作中,我们常常听见某某的人跟错了队,现在谁谁的人上去了,等等。总是把人划成某个圈子里的人,而相当多的人也乐意被当作某一种圈子里的人。这种圈子的划法把人定义在不同的圈子,使得一个单位或一个部门、一个地区的人际关系和纠纷更加复杂化。工作圈子是基于职务和任务要求而结成的一个范围,为了好的理想和目标而结成的团体和圈子有利于工作的开展,集体的凝聚力和力量可以更好地实现工作目标。但是,为了私利和不当追求而抱成一团的小圈子、小团体却会给单位、给事业带来很大的伤害。这样的圈子也往往围绕在拥有权力的领导干部周围,形成了牢不可破的关系网,网中的人互相支持,网外的人就会被排斥。如果失去原则,圈子就成为夺取权力和利益的工具,最终害人害己。对待工作圈子,应该常怀律己之心,公道处事、公正待人,做到对人公正,不偏不私;对己清正,不贪不邪;对内严格,不枉不纵;对外平等,不骄不欺。

要警惕生活圈子。一个人的评价不仅仅在工作层面上,日常生活中更可以体现和衡量一个人的价值取向。特别是领导干部,其生活作风和生活圈子,不仅关系着领导干部个人的品行和形象,而且关系到党在群众中的威信和形象。一些领导干部的蜕化变质,一步一步走向违法乱纪的泥沼,往往是在自己的生活圈子上出了问题,从吃喝玩乐这些生活小事起步,一个圈子里的人请吃请喝,在道德情操上打开了缺口,最终慢慢受到腐蚀。生活的圈子出了问题,千里之堤,溃于一旦。对待生活圈子,应该严以律己、静以修身、俭以养德,不能以小节无所谓,生活是小事来给自己行为一个借口,放弃从严要求。对那些怀着个人目的来拉拉扯扯的人要保持高度警惕。要牢记毛主席在《纪念白求恩》中号召那样,做一个高尚的人,一个纯粹的人,一个有道德的人,一个脱离低级趣味的人,一个有益于人民的人。

圈子,生活中无处不在、无时不有,当我们认识到圈子的本质和不当圈子的危害时,应该慎微、识己,明者慎微、智者识己,努力做到纯洁社交圈、净化生活圈、规范工作圈,拒腐防变、防微杜渐,这样才能够提升自己的境界,实现真正的人生价值。

圈子,我们无法脱离,但不能被套牢。纯洁自己,才会纯洁圈子。

人情文化的腐败宽容

经过刚性的查处和约束,奢侈浪费、吃喝玩乐等不良作风受到了一定程度的遏制。但是,变相公款相互宴请、相互馈赠等情况并没有杜绝,有的以各种名义赠送或接受用公款购买的土特产品、贵重纪念品和其他礼品,有的安排、接受超标准宴请接待等。如同犯罪必须受到严厉的惩罚,但是犯罪并没有消失一样,作风问题受到严肃处理,但还是难以根除。于是,制度反腐成了共识。的确,制度反腐的重要性毋庸置疑,也引起社会各界的广泛重视。但是,在这些抑或作风抑或腐败现象的背后,我们不得不思考一个容易被忽略的现实——人情文化对腐败的宽容。

中国作为几千年的文明古国,有优良传统,但也有一些难以用好坏来定义的传承,比如说人情往来。在我们国家历史文化传承里,一个重要的方面就是人情文化。与面子文化息息相关的就是人情文化。这也是主导我们这个社会的"显"规则。人情往来是每个中国人不可避免的生活方式。虽说时至今日,陌生人社会的形成对这种文化有一定的冲击,但是,熟人社会下人情往来的生活方式仍然占据我们生活的主要空间。因此,如果不单纯从法律角度界定腐败的含义,如果是从日常生活出发给腐败一个确切的内涵,那么,人情往来与腐败之间确实存在一定程度的交集和重叠。这有其客观原因,生活在我们这样的社会中,没有人情往来是不现实的,关键是把握好"度"。或者说,我们或多或少都有一些人情往来,这些人情往来如果与权力和利益不挂钩则无可厚非。如果是与官员或当权者之间的人情往来就值得深思。一些官员经常将一些日常生活中的腐败行为视为一般人情交往,认为收受一些小礼品只是普通人之间的人情往来,没有什么大不了的。这实际上混淆了两者的界限。

我们在指责这种错误认识的同时,应该明确一个前提,那就是存在这种问题的关键不是官员如何看待,而是普通民众如何认为。实际上,有相当一部分也认为在人情交往中的一些行为不是腐败,而是社会常情、生活常态。有人将此情况归结为法治不够完善、法治意识不高等原因。固然这些因素会影响这种情形,但并非一个决定性因素。法治的形式多种多样,即便是所谓完全的法治也很难脱离民族文化传统的影响。事实上,这种情况的主要原因是我们的人情文化和传统导致的。传统人情世俗的观念根植于我们日常生活方式之中,即便是普通人之间的人情往来文化也比较发达,何况对一些有求于"达官显贵"的人来说,更是可以借此机会"表表心意""联络感情"。正因为日常人情往来与带着某种目的的来往在一定程度上难以区分，导致了与官员之间的人情往来界定十分复杂。因此，这种情形很难从根本上断绝，或者说即使表面上没有了，实际上会变换各种方式暗地进行。

人情文化无可厚非，但是人情文化对反腐败会有所影响，在生活中一个重要的反映就是对腐败一定程度的宽容。几瓶烟几瓶酒的来来往往是日常生活中的人之常情，我们可以鼓励、宣传很多拒绝收受小礼品的好领导、好干部，但对于大多数人而言，对于大多数现实而言，这种生活的情礼交往是正常而且不可能完全杜绝的。因此，正面宣传是必要的，但承认这样的现实更加必要。这样的人情往来如果严格按照法律上的要求，都有可能属于腐败。可是，生活的现实是普通民众对此的认可度和宽容度是比较高的，因为大多数人会视此为生活中的人情往来，乡村社会对此更是极度宽容。人情文化的这种影响对我们提出一个挑战，就是在进行反腐败制度设计时，这种影响的考虑程度有多高？如何区分？如何杜绝？如果不加以衡量，可能很多反腐措施难以奏效。

人情文化对腐败的宽容是制度设计难以企及的。制度是刚性的，制度设计确实可以约束腐败行为。但是，制度不是万能的，良好制度的落实需要与制度相匹配的文化"土壤"，照搬照抄一些西方制度未必符合本国国情。同时，制度不可能忽视执行制度者的主观能动性。任何制度都是靠人来执行，人的能动性即便是在制度设计范围内发挥影响也具有一定的空间。因此，一个民族文化传承对人的选择和行为的影响是长远的。

一个简单的例子，一个政绩卓著的领导干部如果因为收受一些礼品而受到处罚，可能大多数人会抱以同情，我们可以说只要触犯法律就应该处罚之类，但是，在大多数人眼中好坏的标准是感性而非理性的，人情往来、送礼大军，纯粹的基于亲情、友情、爱情、恩情的送礼和具有利益目的的送礼有时是很难区分的。对腐败一定程度的宽容很难消除人情内在因素的影响，制度无法消除文化的影响，制度在文化面前也很无奈。

　　人情文化对腐败的宽容是宣传教育无法根除的。教育是软性的，文化的转变、民智的开启最终靠教育，教育确实可以逐渐改变和消除一些传统的影响，但是教育的作用是有限的，宣传教育无法根除一些现实利益的选择。正常的礼仪交往是鼓励的，也是引导向好的方面发展，无须教育改变；而带着目的的情礼交往则又是依靠教育无法变更。因为，人是趋利避害的，人情往来中的选择都是个体根据具体情况衡量、思考，再强大的鼓励和宣传都无法抵消利益的诱惑。事实证明，教育只能改变部分人的选择，而相对大多数人而言，这种改变无非是增加一些心理负担，真正的利益衡量则是其行动的根源。

　　因此，腐败的成因十分复杂，根治腐败非一朝一夕之功。消除人情文化对腐败一定程度的影响和宽容，最根本的措施在于公共权力的公开和透明、制约和平衡。情礼与利益的区别在于送礼者动机和行为问题，而根源在于利益的可实现性，这种利益又源于权力运行的异化空间。也正因为权力存在异化，人们就会采取投机取巧和违法手段（送礼等）来寻求机遇、争得利益，每个个体如此"精明"的选择必将导致整体的社会损害，最终危及的还是一个个个体的利益。总之，如果权力运行是透明和阳光的，寻租的空间就减少了，那么情礼交往中利益的因素将会逐渐减少乃至消除。

随着时代的发展、文明的进步、人心的纯化，相信在人情往来中腐败的空间会越来越小，我们期冀通过坚持不懈的努力，移风易俗，换来朗朗乾坤。

为官当如水

著名思想家老子曾有言：上善若水，水善利万物而不争。其意在于说明人生之事，行如流水，给万物带来益处而不要求回报，是为做人之最高修养。重读此言，观当今官员落马之千姿百态，以及一些地方的干群紧张而导致社会混乱，民不聊生，感慨万千。人生而无物，去亦无物，只在世几十余年，功名利禄到头皆空，为官当如水，夫唯不争，故无忧。如水行事、如水从政、如水为官、如水人生，方可坦坦荡荡，亦能潇潇洒洒。

为官如水，轻名淡利。人生充满着意外和变化，当初最为幸运的人，也可能在生命的某一时刻遇到莫大的不幸。名利乃身外之物，生不带来，死不带去，家有黄金万两，每日不过三顿；纵有大厦千座，每晚只占一间。为官为事，若能学水的清澈本性和"利万物而不争"

的崇高品格,则不仅精神位于高处,人生也将进入开阔之地。从政处世,淡泊名利,闻誉不欣,闻毁不戚,勤勉工作,无私奉献,即使工作中遇到种种难点,有如狂云妒佳月,怒飞千里黑,但是,还是可以做到佳月了不嗔,何曾污清白。当然,雁过留声,人过留名,想留个好名声,无可厚非,但不能为名所累。做官一张纸,做人一辈子,政声人去后,民意闲谈时。若行得正、坐得直,多做好事、少办错事、不干坏事,好名声不请自来。思想之出世,工作之入世,方能深谙心境澄澈忘宠辱,眼界清明任俯昂。

为官如水,笑对万难。虽然每个官员都希望自己能够成功,学业、事业、养儿育女皆能有成,但是人生在世,总会有各种挫折困难,成功不是唾手可得、一蹴而就的。面对坎坷,面对困难,面对挫折,面对千辛万难,需有胸襟,更需坚定、坚韧,应该忍性如水,水滴石穿;应该韧性如水,抽刀断水水更流。郑板桥有诗,"咬定青山不放松,立根原在破岩中,千磨万击还坚韧,任尔东南西北风"。水韧如松韧,无论是工作中遇到的难题,还是生活中碰见的挫折,当韧性以待,自在从容,沉着应对。佛云:片刻不能忍,烦恼日月增。如果胜不骄、败不馁,处顺境而不张狂,陷困境而不沮丧,遇险境而不惊慌,遭逆境而不失望;那么历经世事,笑对万难,就能体味三秋桂子、十里荷花,水淼林清之境。

为官如水,诚信正廉。水色无颜,晶莹剔透,清澈见底。为人为事,理应师水之清澈明亮,诚实守信,正直清廉,对人公正,不偏不私,对己清正,不贪不邪,对内严格,不枉不纵,对外平等,不骄不欺。为官,亦若透明如水，则一生光明磊落，社会风气必也清纯。古语有云：人忘廉耻勿为人，心无百姓枉做官。廉者常乐无求，而贪者常忧不足，廉者必然身正，其身正，不令则行，贪者必然身不正，其身不正，有令不行。为人、处世、做官，清正严明，弘扬正气，激浊扬清，常修为政之德，常思贪欲之害，常怀律己之心，方能是非审之于己，褒贬可由之于人，则得失安之于心。

为官如水，平心静气。世上没有处处得意、天天欢喜之事，人生不如意之事十之八九，有时还接踵而至，此时，学水之静，平和无争方为上。所谓境界为上，即做到明镜当会，遇影如斯，纷纷自彼，与我何涉。刘禹锡曾感：长恨人心不如水，等闲平地起波澜。人心虽然难以做到如水之平，但凡事看得高远，不被眼前的利益所蒙蔽，深意云淡风轻，不在华衣美食，遇事当有平常心，则知足者常乐，能忍者常安，老实者常在。宠辱不惊，看庭前花开花落，去留随意，望天上云卷云舒，这是一种境界，更是一种为官的修养之德。如平心，跳出烦恼外，可见无山不带云，有情皆含碧；若静气，走出困境中，则自然身心无浊意，山水有清音。

世事虽无尽，人心终有归。为官者，当如水，如水之忍，如水之静，如水之清，如水之善，如水之和，如水之正。

为官"六戒"

除了一些传统意义上贪欲作祟的腐败堕落心理外，目前，众多官员贪腐的心理呈现出一些新的特点，虽然这些新的心理状态是众多因素交集的结果，但逐一缕析当前众多落马官员的主要心理状态和思维方式，可以得知，官员思想上的放松，自我要求的降低，世界观、人生观、价值观修养的忽略是一个重要原因。因此，如果在日常的修养中对一些不当的心理加以纠正，防微杜渐，筑牢原则底线，最终锒铛入狱的悲剧是可以避免的。由此，可以认为，为官者至少应该警戒以下六种心理。

一戒心存侥幸。侥幸是当前一些腐败分子不惜以身试法的重要原因，也是他们敢于伸出贪欲之手的重要心理。这些心存侥幸的腐败分子虽然明知党的反腐决心之大，但是，认为现实中大多数腐败分子没有被查处，被查到的只是少数的"倒霉"派,概率太低,甚至可以忽略不计,以致形成了他们认为不会查到自己头上,觉得自己不会那么倒霉。的确,在当前的社会转型期,一些地方,腐败渗透到了社会文化的深处,托关系靠行贿办事被认为"有能力""有水平",而对那些被查处的人,常常被看作是"后台不硬""没有人罩着"等,以至于一些人养成了侥幸心理和集体不服气的态度。但是,在看到事物一面的同时,他们忽略了事情的另一面。姑且不论查处的数量以及查处的概率是多少,就被查处的他们而言,已经是百分之百了。事实上,世上没有不透风的墙,法网恢恢、疏而不漏,天知地知之事均属自我臆造,即使是在行受贿者都认为牢不可破的"一对一"现金交易中,一旦案发,一案可牵出多案,此案可牵出彼案,小案可牵出大案,只要"贪"了,没有不被查的时候。古语有云"莫向金钱伸长手,须知头上有青天",千万别认为自己稳当高道,不会出问题,进而以身试法,否则,等到结茧自缚、自食其果时悔之晚矣!

二戒盲目攀比。攀比心理也是众多官员腐化堕落的一个重要原因。大抵怀有这种心态的人,经常会和大款比收入、比享受,与周围的其他人比地位、比生活,看着自己的工资薪金与这些人相比差距甚远,自己的生活与这些人相比太过寒碜时,贪欲之门便悄悄打开了。这其中,有的以相互攀比来体现自己价值,比房产、比私车、比豪宅,比是否把儿女送出国等,好像没有这样,不足以体现自己的"成功",会被人瞧不起;有的超常享乐,以花钱玩乐显示自己身份,吃喝嫖赌成性,生活极度奢靡,仿佛这样才和他们的"派头"和"台面"相符,等等。其实,横比的时候也应纵比,与占绝大多数的普通大众相比,官员的整体收入已经不低,更有一些医疗、退休等方面的福利,从长远看,生活水准还是有所保障的。事实上,我们国家官员当前的收入虽然不高,但是保证基本的生活水准,保证一家人在当地中等水平的生活是没有问题。因此,这些官员贪腐更多的因素不是生活的压力,而是他们不能免俗,未能抵挡社会不良风气的从流心态、攀比心过重,总是要与少数高收入的群体比生活境遇,相比感觉不足时便心态失衡,贪污受贿、腐败堕落。为官者应该明白,人心不足蛇吞象,享受是无止境的,物质生活也是无止境的,如果一味的攀比、享受,最终必然会伸出贪欲之手,通过不正当手段获取钱财来满足异常的生活要求,最后一步一步走向犯罪的深渊。

三戒立场不稳。没有人天生就是贪官,腐败堕落的官员大多有过矛盾和斗争的心理,有过党性和贪腐较量的过程,甚至有很多人都有着做清官的愿望,但是,在内心挣扎、向腐败斗争的过程中,最终还是贪婪战胜了党性,斗争趋于妥协。他们当中,有开始坚决反对,甚至原则立场坚定,但是在糖衣炮弹不停的"攻击"下,有了第一次,有了第二次,进而随着时间的推移、次数的增多、数目的加大,逐渐的麻木了,也就从推脱到半推半就再到坦然接受,渐渐走上了不归路;也有认为"唯我独清"会被同事认为"不合群",会被排挤,会被送钱的人认为是"不给面子",担心受孤立,工作得不到支持,然后也就随波逐流,等等。无论是基于什么样的心态,最终都是放弃了自己的立场,丢弃了正确的世界观、人生观、价值观,同流合污、自甘堕落。其实官员们应该认识到,开弓没有回头箭，面对社会不良风气，不仅仅要有斗争的勇气，更要有斗争的智慧，面对诱惑、面对一次次的糖衣炮弹攻击，应该坚持住自己的原则和底线，特别是在廉政问题上一定要态度坚决、立场坚定、坚持不懈，绝不能麻痹大意、放纵自己，否则可能的结果就不仅仅是悔恨，更是漫长的牢狱生活。

四戒人情负累。人情文化是中国文化的重要特征之一，虽说时至今日，陌生人社会的形成对这种文化有一定的冲击，但是，熟人社会下人情往来的生活方式仍然占据我们生活的主要空间。于是，生活中就有很多人利用这种"人情"的软肋，在节庆假日、官员家里红白喜事时送钱送物，使行贿腐蚀行为含蓄化，蒙上一层温情的面纱，让官员感觉这是"人情的礼尚往来"，于是坦然接受，但随着"感情"的日益加深，数量不断增加，频率也渐渐加快，慢慢陷入了行贿者的圈子，形成了利益和风险的共同体，最后骑虎难下。作为礼仪之邦，中国独特的传统文化里，不可避免地产生诸多的人情往来，这本无可厚非。但是，如果将一些日常生活中的腐败行为视为一般人情交往，认为收受一些礼品只是普通人之间的人情往来，没有什么大不了的，就值得深思了。事实上，世界上没有免费的午餐，人情是有代价的，如果人情过重，把貌似人情的贪贿行为视为正常的礼尚往来，那么一个个"人情"就会变成一道道"紧箍绳"，把自身牢牢拴在腐化堕落的欲望之车上，等到想悬崖勒马的时候已回天乏术了。因此，为官者要时刻警惕，擦亮眼睛看清日常生活中的人情往来是否与权力挂钩、是否与利益挂钩，坚决摒弃不正当的所谓"人情往来",否则等到深陷泥潭、东窗事发之时,再发出诸如"都是朋友和人情害了自己"的感慨为时晚矣,只能聊以自慰。

五戒失落求衡。当前,一些腐败官员特别是对那些一门心思钟情于仕途的一些腐败官员而言,在提拔无望、临近退休或工作调整不顺心的时候,往往就不能正确认识自己,而是或认为"再努力干也没盼头了",或认为"这辈子都这么清苦干吗,得好好捞一把",或认为自己为国家付出那么多,总要点"回报"等。心态发生变化后,就会把仕途的失落转化为对财富的追求,这种求衡的补偿心理会使其走上疯狂的犯罪之路,给国家、社会造成了严重的危害。其实,每个官员都应该明白一个很朴素的道理,那就是,虽然每个人都希望自己能够成功,学业、事业、家庭皆能有成,但是,成功是多种因素综合的结果,并非靠努力、奋斗就一定都能成功,并非所有的付出都会得到等同的回报。正如我们党一直强调的那样,在进退留转的时候,更要把住原则底线。权力和岗位只是工作的需要,有"上"必然有"下",有"好"相应的就会有"差",即使工作中在待遇、职级等方面受到一些委屈,可以通过正常的途径向组织反映,可以加强自身的修养,看远、看透、看淡,而决不能以贪腐等作为寻求平衡的手段,否则,势必是自取灭亡、晚节不保。

六戒权欲过重。做人要有良心,为官当有操守。一些腐败官员权欲过重、争名逐利、利欲熏心,基本上没有职业道德和职业操守,更谈不上党性修养,只有赤裸裸的权钱交易,只会祸害百姓。这类腐败堕落的官员,往往不畏权而滥用权,一朝权在手,便无所顾忌,利用手中的权力为所欲为，把权力当作谋取利益的杠杆，吃喝玩乐、追求享受，沉醉于权力、金钱、美色，沉溺于声色犬马、灯红酒绿，最终玩物丧志、自甘堕落、贪污受贿、贻害终身。其实，为官者应该懂得，权力是永恒的，掌握权力的人却是短暂的，恋权占位没有必要，也不可能永远手握权柄。因此，应该时常以一些腐化堕落的官员为戒，深刻领悟立党为公、执政为民的道理，深刻认识到权力是人民赋予的，只能用来为人民谋利益，为百姓做好事、解难事、办实事才是有意义的，才是长久的，如果在权力观上出现偏差，滥用手中的权力为自身谋取利益，那就必然滑向腐败的深渊，其下场也不言自明，必将受到法律的严惩。

古人常讲修身养性，实际上是自我修养，提升境界。"廉贪一念间，荣辱两世界"，官员的品德修养应该是全面的，而以上六个方面更应引起重视，引以为戒，在工作中常修为官之德、常思贪欲之害、常弃非分之想、常怀律己之心，清清白白做人，干干净净为官，踏踏实实做事，这样才无愧于党和人民的重托。

仇富仇官本质是仇腐

2007年,杭州,这个有"上有天堂、下有苏杭"美誉的城市,再一次把人们的目光吸引住,而这次吸引人们的理由是一起交通事件,一个开跑车的富家年轻人,撞死了正在行走的路人(浙江大学毕业生)。跑车、富家子弟和浙江大学学生,网络上对这起事件的关注度持续升温。而其中,一个词被屡次提出而且引发巨大争议——仇富。事件如此被关注真的是因为人们仇富吗?仇富背后的因素是什么?人们弥漫和发泄的各种缘由又是什么?当然,对这些问题,特别是问题背后深层次的因素,可以深入挖掘、广泛探讨。我们仅对一部分人认为引发关注更多是因为仇富仇官心态谈点看法。

确实,当前,仇富成了媒体热议、公众热论的话题。据报道,昔日,北京著名的王府井抢劫出租车乱撞行人的案件发生后,犯罪人所阐述的犯罪理由很简单，他认为在王府井大街上的都是有钱人，想发泄自己的不满，于是开车撞了他们。而与此类似的仇富事件，诸如向豪华游艇扔石块、堵住宝马车不让路、见着好车就扎轮胎等问题屡见报端。似乎社会上的不满之气越来越浓，一种极端处事方式的情绪在不断地蔓延。

根据西方国家的发展经验和我国专家学者的研究，随着二十多年的改革开放，我国现在已经进入了体制深刻转换、结构深刻调整、社会深刻变革的重要历史时期，这个时期人民内部矛盾凸显、刑事犯罪高发、对敌斗争复杂。这一时期社会矛盾的激化和各种阶层之间的冲突有着其社会因素和经济发展规律。我们也不得不承认，社会确实有一道鸿沟，鸿沟两边的阶层有着各自的利益诉求。应该说，存在这种问题，存在矛盾和冲突是社会发展的必然，而要探讨的关键是如何有序地加以解决。

追逐财富、正当合理的追逐财富是社会发展的重要推动力，也是激励个人进步发展的重要杠杆。如果说真有仇富，那么，应该认为仇富的本质不在于贫富差距本身。因为，现今为止的任何一个国家和一种制度都不可能完全、彻底地消灭和消除贫富差距。人对资源的占有总是有多有少的，概莫能外。均贫富一致是人类历史上的一种乌托邦式的理想，即便是初民社会，也是有资源占据上的差异。关键的问题是这种资源的占有、财富的积累是否是正当、合法、公平。

从古至今，正当财富的取得和积累从来不会受到大多数民众的抨击，哪怕有可能存在的只是嫉妒而已。一个拥有摩天大楼的富人和一个没有立锥之地的穷人，并存在一个地面上，如果穷人知道富人以前也是同自己一样一无所有，而通过自己的努力才拥有今天的一切，那么穷人并不会拿"板砖"去拍富人，相反的，穷人更可能钦佩富人。可如今，有很多富人的财富的来源太不明白了，似乎不知道为何，他们就暴富了，富的离奇，也富的阴暗。财富迅速积累的背后不是自身的努力，而是官商勾结、权钱交易等社会腐化问题。公众由此感受到的不是均等的付出能够获得均等的回报，勤劳致富成了一种被人怀疑的说法，人们对财富追逐已经演变成利用权力或者其他资源进行一种异化的行动。由此，社会普通阶层对财富拥有者的不满与日俱增，这种憎恨还辐射到了所有的——包括一大部分通过正当手段致富的——富人阶层。因此，与其说仇富，不如说仇腐。

通过腐败造就的富人，受到仇视是有因缘的。据统计，对近年来一些腐败群体作番"分析"，结果令人震惊——位高权重者如刘方仁、韩桂芝、田凤山、张国光等赫赫有名的"封疆大吏"，省部级高官；大胆恣肆者如黑龙江省绥化市原书记马德、湖北省襄樊市委书记孙楚寅等，将"官帽"当成商品随意出售；利令智昏者如四川省犍为县县委书记田玉飞，从贱卖国有企业中捞到好处费3189万元……这其中，更让人震惊的是腐败已经成为一种社会现象，渗透到我们生活的每一部分：做生意要给对方回扣，医院看病要给医生红包，孩子上学要向教师送礼……腐败已不仅仅侵害了个人，而且成为社会中每个人的共同压力。当一个社会中人们在日常生活中，仅仅只是为了生活的需要，几乎必须通过"腐败"来打通各个环节，那么，人们的精神压力就可想而知了。这也导致任何一个手中有权力的人都可能把权力运用的淋漓尽致，而且都不免有腐败行为。腐败的魅力犹如劣币驱逐良币一样，使正常的制度受到严重的破坏。腐败同时造就的财富分配不均衡，社会关系不和谐等，使得一部分个体通过极端的方式来表达自己对社会的不满。这些对社会不满的人在强者面前无可奈何，就会向弱者"开刀"，向比自己更差的人"报复"。因此，我们更可以得出这样的结论：仇富，导致极端的方式对待社会，主要源于财富来源的不正当，或者说腐败的财富积累。

事实上，腐败古今中外都有，根治腐败也非一朝一夕之功，然而如果腐败如果成为一种社会现象，成为生活一部分，成为大家默认的一个潜规则，那么这个社会就需要认真的思索了。据世界银行学院治理局局长丹尼尔·考夫曼的研究成果，如果各国能够消除腐败现象，GDP 就可以翻 4 番，全球儿童死亡率可以下降 75%。确实，腐败对社会经济的损害不仅仅使腐败行为本身，它导致整个社会信用体系以及人们正常的生活期望处在一个不确定状态，而导致倍感社会艰辛。此外，贪污腐败一旦超出一定的限度继续存在下去，它的负面效应是成倍地扩张。20 世纪 50 年代就人均国民生产总值而言，菲律宾是东南亚名列第二的国家，可是在马科斯及其家族的统治下，贪污腐败现象盛行，社会在日益加剧的贫富不均中陷入长期的动荡，导致投资环境的恶化，以至于 20 世纪 80 年代世界经济普遍增长的情况下，菲律宾经济居然出现负增长。腐败的结果导致社会的严重不公，贫富差距扩大，社会良好制度难以成型。其中短期出现的是刑事案件的增加，社会治安环境的恶化，而长期则可能出现极端的大规模的暴力等，这样的例子也比比皆是，一部中国历史，朝代的更替很重要一个因素就是后期统治者的极端腐化。因此，历史的教训明白无误——贪污腐败若得不到有效的控制，后果将是极端可怕的，仇富的现象就是仇腐的表面化征兆。

为此，嫉妒性的"仇富"固然可怕，更可怕的是不明了群体性仇富的根本原因和基础，个体对富人的不满仅仅代表一个个人的判断，但是如果社会一个群体对另一个群体产生集体的不服气和不满的情况，那么调控的难度和成本都将是巨大的。在全面建成小康社会的今天，应该更加注重公平，更加注重利益的平衡和调控，认真做到全体民众共享改革开放的成果，使跑车背后的社会鸿沟逐渐消失，使人民群众都感受到社会的温暖，过上美好的生活。一个事件就是事件本身而不应该成为其他不公平因素的导火索和发泄口的情形，那样，才会实现真正的和谐。

仇富、仇官，实际上仇视的是不平等的机遇以及由此带来的一系列其他问题，本质上是仇视社会的不公平、仇视腐败。从"王侯将相宁有种乎"的呐喊至今日的历史发展，我们一直在追求平等的道路上前行。相信通过努力，在不远的未来，这种仇视会减少甚至杜绝。

官员应心怀敬畏

王怀忠在听到自己被判死刑的时候感慨道,"看来这次中央反腐是动真格的"。这句话今时今日众多官员落马再一次得到印证!党中央反腐败是动真格的,对腐败者的态度只有一个——坚决惩处、决不姑息。

腐败、反腐败,这对当今中国人来说耳熟能详的词深深地嵌入了我们日常生活的每一部分,这几年也惩处查办了大量的违法违纪腐败分子。对这些腐败官员的严肃查处在彰显正义、大快民心的背后,有一种现象让人心忧——反腐败形势仍然十分严峻。可以认为,除了制度、监督、惩处之外,官员的自律显然是不可或缺的。从王怀忠的一句话和省部级官员的落马,我们看到了中央反腐败的坚强决心和巨大效用,更加坚定了推进反腐倡廉工作的信心,但也引发了我们深深的思索:难道只有落马了,才体会到中央的反腐是动真格的,如果没有判他重刑,是不是觉得中央反腐不动真格了?是不是在一部分腐败党员领导干部眼中,中央反腐只是说说而已?反腐败在很多人眼中难道只是一阵风吗?……

天下事,成于惧而败于忽。权力是把"双刃剑",忽视了这一点,自己坐拥大权的时候,呼风唤雨,腐化堕落,等到锒铛入狱的时候再感慨为时已晚!在对落马的官员们进行调查问卷时,大部分人都很悔恨,都觉得如果自己能做一个平常人更好,都希望生活能够重来,都希望再给他们一次机会。人可以犯错,但不能犯罪,犯错可以改正,犯罪却只能改造。生活已经不可能再给他们一次机会了,如果他们在手握权柄时能够有一点敬畏之心,而不是在狱中感慨,如果他们是在台上就明白中央反腐是动真格的,而不是临终悔言时体会的话,那么生活的轨迹就并非如此。

众多腐化官员的言行都体现了一个共同点,就是他们在腐化堕落时,已经无所畏惧,已经置党纪国法于不顾,抛百姓冷暖于脑后,一心只谋取私利。其实,在位时如果常修为政之德、常思贪欲之害、常怀律己之心,多一点敬畏、少一些嚣张,多一点忧患、少一点享乐,多一点为公、少一些为私,命运的大门会为他们敞开更加广阔的天空。

官员心怀敬畏,应该畏民。水能载舟,也能覆舟。顺应民心,则能长治久安,背离民意,则必然走向灭亡。历史上封建帝王尚能明白这个道理,如今我们具有现代意识的官员更应该懂得这个基本的道理。人民群众是创造历史的源泉,政之所兴,在顺民心,政之所废,在逆民心。

官员应多一点敬民、爱民、畏民、护民之心，不能高高在上，脱离群众，把百姓当成管理对象，把自己当成官老爷，摆大谱讲等级，刷特权逞威风，见着上级眉开眼笑、奴颜屈膝，见着百姓大声呵斥、爱理不理。民心不可欺，不畏民，最终只会让自己走向人民群众的对立面，成为孤家寡人。群众在官员的心中有多重，官员在群众的心中就有多重，忧民之人民亦忧其忧，乐民之人民亦乐其乐，畏民，才能获得百姓的衷心拥护。

官员心怀敬畏，应该畏法。奉公守法，则上下平。不畏法，总觉得自己是官员，法律应该给自己不同的空间，那是极端错误的观念。很多领导干部认为自己为党为民作了一些贡献、出了一点成绩，那么在犯错误的时候至少应该得到宽容。其实他们忘了一点，法不容情，法律面前人人平等，贵为高官也好，平民百姓也罢，触犯了法律，一定会受到法律的惩处。法不阿贵，绳不挠曲，刑过不避大臣，赞赏不遗匹夫，想用党票、职位来获得法律的优待是行不通的。官员应该遵纪守法，应该严格依法办事，应该依法行使自己的职权，做到一切依法。应该宵衣旰食、夙夜在公、依法用权、廉洁从政。公权是不能私用的，讲亲情不能错位，重友情更不能越位。法律应在任何方面受到尊重而保持无上的权威，畏法，方能正确行使法律赋予的权力。

官员心怀敬畏，应该畏权。权力是永恒的，掌握权力的人却是短暂的，权力是人民群众赋予的，而赋予谁，就看这个人够不够格。腐败堕落的官员，往往不畏权而滥用权，一朝权在手，便无所顾忌，利用手中的权力为所欲为，把自己的权力当作谋取利益的杠杆，吃喝玩乐、追求享受，沉醉于权力、金钱、美色，沉溺于声色犬马、灯红酒绿，最终玩物丧志、自甘堕落、贪污受贿、贻害终身。官员应该明白，权力是人民赋予的，只能用来为人民谋利益，为百姓做好事、解难事、办实事才是有意义的，才是长久的。如果在权力观上出现偏差，就必然滑向腐败的深渊。明辨是非、克己慎行、畏权，才能真正实现有价值的人生。

中央反腐的决心是坚定不移的，一直是动真格的，只是有些没有敬畏之心的腐败官员被腐化遮住了双眼、蒙蔽了心灵，没有看到而已。

警惕"腐败掮客"

5名律师因不服安徽省司法厅以行贿为由吊销律师执业证书，而将司法厅告上法庭。姑且不论该案实体情况如何，处罚是否合适，近年来的律师向法官进行所谓"礼尚往来"的送钱送物乃至行贿屡见报端，着实令人深思。

据悉，深圳中院几个法官因腐败落马后，引发了深圳律师界一阵不小的"逃亡潮"，一些律师从此在深圳消失。而湖南省高级人民法院原院长吴振汉受贿的600多万元中，有很大一部分是律师行贿或者介绍行贿的。此前的武汉中院腐败串案中，律师的身影也随处可见。此次5名律师行贿而被吊销证书恰恰又是阜阳中院多名法官腐败案件牵扯出来的。当前，法官腐败出现一个新的特点，就是律师充当了"腐败掮客"。

在我们这样一种"一字入公门、九牛拔

不出"的传统诉讼文化影响深刻的国度里,司法对多数人而言相对还是比较陌生的,很多人接触或者与法院打交道的机会很少甚至几乎没有。正因为如此,当事人直接的腐败,囿于相识圈的限制和腐败巨大风险的考虑,直接向法官行贿的概率和成功可能性还是比较小的。相反,律师,特别是从事诉讼业务的律师,其游离于法院和当事人之间,工作业绩的大小和收入的高低有时候完全依赖于法院的判决,打赢了,代理费是可观的,名气也都上去了,名利双收,打输了,生计都成问题。所以,他们就会千方百计地寻求租用法官的权力空间,甚至在接案的时候就明确告诉当事人,需要多少多少费用"搞定"法官。因此,实践中常见的行受贿模式就此产生:当事人请托行贿、代理律师介绍贿赂、法官收贿为行贿人谋取不正当利益,律师在此充当了腐败掮客,本应是让人崇敬的职业,因为少数人的行为而蒙上了污垢。

除了腐败现象的深层次体制机制缘由,单说律师充当掮客的腐败形式就有其特殊性。首先,与整体社会环境有关。当前,腐败成为民众深恶痛绝的社会现象之一,各种权力寻租的状况屡见不鲜,司法领域亦如此。确实,由于监督制约机制的不健全和自由裁量权的广泛,法官在断案中存在相当大的空间,这些空间有的是明显的违法办案,而更多的是可以有"法律上的理由"来支撑,随着监督制约、反腐力度的不断加大,明显的违法行为越来越少。更多的是在自由裁量的空间偏向一方,这使得很多人以为不进行贿赂就很难打赢官司。因此,很多跟法官"熟悉"的律师即使水平、能力一般却能赚的盆满钵满,而严格依法办事的律师在实践中可能遭到无奈的冷遇。覆巢之下,安有完卵,如同劣币驱逐良币一样,很多律师不得不向法官行贿,律师充当掮客也是无奈之举。其次,与当前的律师职业道德教育、惩戒机制不完善有关。众所周知,只要通过国家司法考试,在一个律师事务所实习一年,经过申请,就可以拿到律师执业证书。这种从业对很多律师没有任何职业道德的限制和教育,导致良莠不齐。而且,在执业中,即使是行贿了,在目前我们国家对行贿者惩处的力度不大的条件下,导致很多行贿的律师没有得到有效的惩处。行贿的成本很小,收益很大,权衡利弊,铤而走险就不难理解了。而且,由于当前管理的不完善,没有相应的惩处机制,亦没有"黑名单"制度,律师照样可以继续进行执业,这更给很多律师"壮了胆气"。

对此,可以认为,防止律师成为腐败掮客应该多管齐下。随着国家的反腐力度加大,社会整体法治环境的改善,法官行使权力制约机制的不断完善,可以减少律师腐败的空间。但这需要一个长期的过程,目前很重要的一个办法就是建立"黑名单"制度。只要查处发现律师向法官行贿的,不管数额多少,一律吊销律师执业资格证书,禁止其终身执业,提高违法行为的成本,以有效减少违法违规行为。此次安徽省司法厅根据法院判决书严厉处罚5名律师的行为本身应该说就是一种进步。当然,之所以进行这样的规定源于司法的终局性,司法是社会公平正义的最后一道防线,司法不公和司法腐败的影响是巨大、恶劣的。作为法曹之一的律师,在司法中充当如此的角色不仅有伤民众的期待,更重要是延迟法治进程,构筑了司法腐败的群体。

总之,与其他社会腐败不同,法官、律师,在一个相对的空间里,这样结合方式的腐化对社会的伤害是软性而长远的。司法不公、司法腐败不可避免地烙上民众对公正怀疑的长远印记,而这种怀疑是我们实现依法治国方略的一个重大阻碍。现代律师不是古代的讼棍,对屡见不鲜的律师向法官行贿应该给予彻底地铲除,还司法一片净土。

廉洁从政，坚持"五慎"

廉洁自律是我们党的优良传统，也是对共产党员最基本的要求。作为一名党员干部，必须充分认识廉洁自律的重要意义，增强廉洁自律的自觉性和坚定性，严格按照党和国家有关廉洁从政的规定和纪律要求，实行自我约束，正确行使权力，自觉做到清正廉洁、克己奉公，自觉做到严于律己，廉洁从政。其中，关键是要做到"五慎"。

慎权，正确行使权力。权力是把"双刃剑"，为民而善用，可以成就利民大事，实实在在为群众谋利益；如果以权谋私，擅权滥权，利用职权和职务上的影响谋取不正当利益，则既危害他人，又终将害了自己。当前，有一些党员领导干部不能正确对待手中的权力，一朝权在手，便无所顾忌，利用手中的权力为所欲为，把权力当作谋取利益的杠杆，以权谋私，贪赃枉法，吃拿卡要，为所欲为，而且手法不断翻新，形式更加隐蔽，成为党风廉政建设和反腐败斗争的一个突出问题。从媒体报道的情况看，极少数领导干部滥用权力，大肆敛财，几乎达到疯狂的地步，触目惊心。党员干部必须始终牢记，权力是人民赋予的，只能用来为人民谋利益，为百姓做好事、解难事、办实事才是有意义的，才是长久的，如果在权力观上出现偏差，就必然在滑向腐败的深渊。要始终正确对待手中权力，自觉接受监督，坚持把权力用来为人民谋福利，绝不能失职渎职，更不能把权力变成谋取个人或少数人私利的工具。

慎独，耐得住艰苦。人在独处时的行为，是对一个人党性修养的最有效考验。党员干部在严格的组织管理和群众监督下，容易遵纪守法，但在缺少外力约束的情况下，靠自己管好自己有时就很难，这要求我们必须"慎独"，在独处时也洁身自爱，谨慎不苟。当前，从一些党员干部违纪违法情况看，放纵自己是他们以身试法的重要原因，也是他们伸出贪欲之手的重要心理。这些人误认为自己做的事情没有人知道，不会被查处。事实上，世上没有不透风的墙，法网恢恢、疏而不漏，天知地知之事均属自我臆造，一些严重违纪违法案件被一一查处，充分说明腐败分子不管职位有多高，不管隐藏多深，手法多高明，只要敢伸手，就一定会受到党纪国法的严厉惩处。即使是在行受贿者都认为牢不可破的"一对一"现金交易中，一旦案发，一案可牵出多案，此案可牵出彼案，小案可牵出大案，"收"了就没有不被查的时候。陈毅同志有句名言：莫伸手，伸手必被捉。我们应该牢记这句话，时时刻刻警醒自己，坚守党纪国法这条红线，绝不能放纵自己，以身试法，否则，等到结茧自缚、自食其果则悔之晚矣。

慎初，抗得住诱惑。古人云，君子慎始而无后忧。明代御史廷相，对新上任的御史官员讲了一则故事：他的一个轿夫雨后穿新鞋抬轿，开始抬腿迈步十分小心，专拣干处走，生怕湿了鞋，后来一不小心脚踏泥水，弄脏了鞋，就再也不管了，干处湿处随便落脚。新鞋子踩上泥，便不复顾惜，人要是有了污点，也会破罐子破摔。有了第一次，就会有第二次、第三次乃至更多次，最后控制不住，难以自拔，直到自我毁灭。早在新中国成立前夕，毛泽东同志就告诫全党，要警惕资产阶级"糖衣炮弹"的攻击。新中国成立以后，我们开展"三反""五反"运动，推进党风廉政建设和反腐败斗争，这对提高执政条件下党员干部拒腐防变能力具有十分重要的作用。当前，腐蚀与反腐蚀的斗争依然复杂。从被查处的腐败分子看，很多人在第一次收钱也曾矛盾过、斗争过、挣扎过，但是，只要有了先例，以后就司空见惯、习以为常、见怪不怪了。社会五光十色，很多东西非常诱人，金钱、美色、名利等，面对种种诱惑，一定要敢于拒绝，在任何时候任何情况下自觉做到慎初，时刻想到头上有一根"高压线"，有一个"紧箍咒"，面对不安好心的"心意"和裹着糖衣炮弹的"意思"，要高度警觉，绝不能轻易笑纳，"下不为例"。

慎微，管得住小节。一些党员领导干部违法犯罪，大都是从操守不严、品行失端开始的。他们起初只是在小节上丧失警惕，认为吃一点、喝一点、拿一点、玩一点出不了大事，结果小节不守，大节不保，由吃喝玩乐到腐化堕落，最终滑向犯罪的深渊，所谓"不虑于微，始成大患，不防于小，终亏大德"，说的就是这个道理。"祸患常积于忽微"，"千里之堤，溃于蚁穴"，不廉洁不自律就是从细微处开始。比如，一开始接受吃请，收点土特产，慢慢开始收受贵重物品，收受金钱，小过也就演变成大错，最终受到党纪国法的严惩，教训极为深刻。党员干部应正确把握小与大、轻与重之间的辩证关系，增强自身免疫力，做到头脑清醒察于微，从严要求禁于微，时刻保持共产党员本色，一尘不染，一心为民。在管好自己小节的同时，还要管好配偶、子女和身边工作人员。有的领导干部对亲属及身边工作人员要求不严格，有的甚至利用职权为亲属谋取不正当利益，不仅自己身陷囹圄，最终也害了亲人。同时，社会上也有一些别有用心的人往往从领导干部亲属及身边工作人员打开缺口、找到突破口。对此，一定要高度警惕，加强对亲属及身边工作人员的教育、管理和提醒、约束，坚决防止他们出现违纪违法行为，防止被拉拢腐蚀。

慎友，纯洁社交圈。党员干部不是生活在真空里，也要交朋友，但和谁交友、怎样交友非常重要。古人云，与邪佞人交，如雪入墨池，虽融为水，其色愈污；与端方人处，如炭入熏炉，虽化为灰，其香不灭。交友不慎往往是走向腐败的"催化剂"。从查办的许多腐败案件看，不少领导干部就是没有把握好交友界限，被一些所谓"朋友"以金钱美色为诱饵，一步一步拉入非法利益格局，最后欲罢不能，任人摆布。当前，一些党员领导干部社会交际网复杂，热衷于交大款、傍老板，沉溺于灯红酒绿，以至意志涣散、腐化堕落。交得知己，受用无穷，倾心小人，祸害终生。党员干部必须把人际交往作为一件大事来看待，牢牢把握交往界限，慎重对待社会交往，不断净化自己的社交圈、生活圈和朋友圈。要善交益友、乐交诤友、不交损友，绝不能只讲关系不讲原则，只讲义气不讲是非，更不能把朋友间的感情关系异化为庸俗的金钱利益关系。要择善而交，远离"小圈子"，远离那些阿谀、引诱、拉拢的人，多与普通群众交朋友，与基层干部交朋友，与先进模范交朋友，与专家学者交朋友，做到忠诚、干净、担当。

总之，廉由心生，心不廉则无所不取，心无防则无所不为。要深刻汲取极少数党员领导干部出现的人格扭曲、道德败坏、腐化堕落的惨痛教训，常修为政之德、常思贪欲之害、常怀律己之心，坚持自重、自省、自警、自励，坚决抵制拜金主义、极端个人主义和享乐主义等腐朽落后思想文化的侵蚀，始终做到权为民所用、情为民所系、利为民所谋，始终保持共产党人崇高的精神追求和政治本色。

良心与廉心

在 2009 年的一次廉政教育中，一位领导说到，我们国家发展到今天，很多领导干部的生活应该说基本上都还可以，可为什么还有那么多人贪污受贿，以身试法、铤而走险呢？除了制度约束不足外，很重要一点就是自己的修养不够。比如，现在很多人内心不自觉的会有比较，和大款比收入，和富人比享受，比着比着就出问题了，可以说，大部分出问题的干部，首先在于自己思想上的堕落。

耐心品味这些话，想起巴尔扎克一句"没有思想上的清白，就没有金钱上的廉洁"名言，感慨颇多。从公布出来的众多的腐败官员中，其腐败的缘由几乎没有因为生活的压力和困顿引起，腐败和堕落大都源于信念上、精神上的缺失、松懈等，然后一步一步走向腐化堕落的深渊。一言以蔽之，精神的松懈是行为松懈的根源——他们缺乏廉心。如同"做人要有操守,做人要讲良心"一样,为官更应该有操守,除了有良心之外,更应该有"廉心"。

做人要有操守,做人要讲良心……这些耳熟能详的话,在如今这个现实社会中不得不一遍又一遍的加以强调。姑且不谈很多道德层面的问题,就近年来出现的一些民众深恶痛绝的冤假错案来看,究其根本,许多案件只要本着人的良知,就可以明辨是非、判断曲直。而就是这么简单的要求,却缺乏得让人震惊、揪心,于是,在共和国法治不断进步的今天,我们不得不面对一些本应该可以避免的冤案、错案,不得不一次次面对良心的考验,不得不一次次告诉大家,要有起码的职业良心和价值追求。良心,这么简单的两个字,却沉重让我们的无法呼吸,良心的缺失会造成多么大的危害,我们可想而知!

有良心的人才会有廉心。普遍的道德是形成社会的基础,普遍的良心则是法律的基础。当前,社会急剧变化,人们的心态也发生着剧烈的变动,在金钱浪潮的席卷下,很多人逐渐"笑贫不笑娼",良心逐渐被一些因素所蒙蔽,产生了评价他人和社会时心理的扭曲和异常。就腐败而言,腐败的现象确实是没有从根本上好转,相反成了民众极端痛恨的社会现象之一。另外,在一些地方,腐败成为了一种社会流行病,渗透到了社会文化的深处,托关系靠行贿办事被认为"有能力""有水平",而对那些被查处的人,常常被看着是"后台不硬""没有人罩着"等,以至于人们养成了侥幸心理和集体不服气的态度。如果人们对腐败现象、腐败问题、腐败分子产生羡慕、推崇、容忍、庇护等不良的心理状态、行为表现，这种心态形成一种态势，这种氛围成为一种普遍现象，进而形成一种认知文化，其实比腐败本身更可怕，也是形成"腐败社会化"的心理和文化基础。如果有这种基础，加之中国独特的熟人社会环境，腐败的影响力和破坏力将会成倍的增长。然而，对社会腐败问题进行深入的剖析和探索，我们会发现，究其根源，问题在于良心的散失，在于理想信念的淡化，在于人生观价值观的扭曲，简单地说，就是不知道"信"什么，不知道"畏"什么，不知道"为"什么，最后奉守拜金主义、享乐主义，为了金钱、名利、美色，无所顾忌。而其中，更加令人惊诧的是，我们不时地看到，一些腐败者其实并没有把贪污受贿等得来的金钱用于家人（有些腐败者家人更是贫困交加），更多的是用于自己的享受，用于包养情妇、挥霍等。这更加证明了一个基本的判断：腐败者腐败，首先在于良心的丧失，正是因为精神世界放松了，才会一步一步走向腐败的深渊；正是由于信念滑坡了，才会逐渐地迈向堕落的旅途。事实上，理想的动摇是最危险的动摇，信念的滑坡是最致命的滑坡，纵览古今，概莫能外。良心是廉心的基础，缺乏起码良心的人是不可能有廉心的。当前选拔任用干部，要求是德才兼备、以德为先，道理莫过于此。

廉心会升华人的良心。人无廉耻勿做人，心无百姓枉为官。人的廉心不仅是良心的一部分，更是升华良心的基础。某地在对锒铛入狱的官员们进行调查问卷得出的结论是，几乎全部官员都很悔恨，都觉得如果自己能作一个平常人更好，都希望生活能够重来，都渴求再给他们一次机会。事实上，人可以犯错，但不能犯罪，犯错可以改正，犯罪却只能改造。生活已经不可能再给他们一次机会了,如果他们在手握权柄时能够有一点敬畏之心,而不是在狱中感慨,如果他们是在台上多一些廉心,而不是临终后悔,那么生活的轨迹就并非如此。有廉心的人才会有高层次的良心,一个贪赃枉法的官员也有可能是一个有良心的好人,但至少可以说当这个官员在放纵自我、走上违法的道路、打开贪欲之门的时候,他的良心已经变质了。不论基于什么样的动机,他的良心终究是被多数民众唾弃、鄙夷的。俗语有云,好功则贪名者进,好财则言利者进,好术则游谈者进,好谀则巧佞者进。廉心的缺失,必然导致权力的异化使用,给某些特定的人或群体带来利益,进而导致对社会某个方面或某种程度的伤害,这些伤害不仅仅对被伤害者的一种直接冲击,更是对整个社会良心的亵渎。由此,就为官者而言,有良心固然是基本之道,有廉心更是至关重要。

　　培养廉心,实现良心的回归。事实上,我们可以确定一个富有哲理但却是客观的判断:生活中百分之八十的喜剧与金钱无关,而百分之八十的悲剧却与金钱有关。灵魂的迷失一般从纵欲开始,悲剧的结局往往因贪婪而注定。"廉贪一念间,荣辱两世界",众多腐败者的纷纷落马已经给我们深刻的教训。在社会转型之时,官员们应常思贪欲之害,常弃非分之想,常怀律己之心,常修为官之德,清清白白做人,干干净净做事,多一点敬民、爱民、畏民、护民之心,少一些扰民、害民、误民、欺民之举。培养廉心,做人做事真正对得起自己的良心,方能获得百姓的衷心拥护。如果高高在上,脱离群众,把百姓当成管理对象,把自己当成官老爷，摆大谱讲等级，耍特权逞威风，见着上级眉开眼笑、奴颜屈膝，见着百姓大声呵斥、爱理不理。一朝权在手，便无所顾忌，利用手中的权力为所欲为，把自己的权力当作谋取利益的杠杆，吃喝玩乐、追求享受，沉醉于权力、金钱、美色，沉溺于声色犬马、灯红酒绿，最终必然玩物丧志、自甘堕落、贪污受贿、贻害终身。其实，有点廉心，有点良心的官员应该明白，权力是人民赋予的，只能用来为人民谋利益，为百姓做好事、解难事、办实事才是有意义的，才是长久的。群众在官员的心中有多重，官员在群众的心中就有多重，如果在权力观上出现偏差，就必然滑向腐败的深渊。在物欲横流的社会，作为引领时代前进重要力量的官员们，应该明辨是非、克己慎行，诚实守信、正直清廉，对人公正、不偏不私，对己清正、不贪不邪，对内严格、不枉不纵，对外平等、不骄不欺。

世事虽无尽，人心终有归。不奢求所有官员像海瑞那样"三生不改冰霜操，万死常留社稷身"，但培养基本的廉心，升华自身的良心，在世界观人生观价值观中保持最低的道德要求，保持自身基本的情操，清正为官、廉洁从事，则国之大幸、民之大幸。

反腐不相信眼泪

2007年8月的全国检察机关惩治和预防职务犯罪展览虽然已经落下帷幕,但是其影响却是深远的。展览放映中,一个现象不仅十分有趣,而且值得我们关注,那就是众多曾经呼风唤雨,而后身陷囹圄的领导干部,或在庭审,或在提讯时,泪眼朦胧、泣不成声。出生于革命家庭,曾经是兵工厂的功臣原重庆市委宣传部副部长张小川更是先后七次痛哭,哭诉自己的人生是个悲剧,并称:"没有学好法律,背叛了党、背叛了人民,希望有一天能做一个奉公守法的公民。"对于普通人而言,眼泪会博取很多同情,引发人们的怜悯和眷顾。但对官员而言,我们更应理性看待他们的眼泪,不论这些哭诉是真心还是假意,流泪代表的是悔恨还是博取同情,我们要始终明白在眼泪背后应该看到的问题是——反腐不相信眼泪。

腐败分子的眼泪并不能洗刷他们的罪恶。据统计，自成立反贪部门后，全国检察机关立案查处的贪污贿赂犯罪数量众多、触目惊心。这些腐败堕落分子在大肆贪贿、祸害民生时为何不想想自己行为的后果呢？人无廉耻勿做人，心无百姓枉做官。在位时为何不知自重、自醒、自警、自励，等到银铛入狱时，几滴眼泪能代表什么呢？比起刻着前辈铿锵足迹的雪山草地，比起铸起先烈英勇雕像的战火硝烟，在和平时期，我们的工作环境和生活待遇已经不可同日而语了，就是在这样的情况下，众多的贪官依然"前腐后继"，这样的眼泪是对昔日风光、荣耀、跋扈的留念，还是真正的忏悔，尚未可知。

腐败分子的腐化堕落并非一朝一夕的，腐败的形成有其历史背景和长期形成的原因。这些一步一步走向堕落深渊的腐败分子，大都是从小节失守开始，从开始接受小烟小酒，小吃小喝开始。慢慢地，手越伸越长，贪欲越放越大，最后在任何廉政教育面前都麻木了神经，任自己的欲望在不断地扩张，最终走上犯罪的深渊。古语云，小虫毒身、勿轻小物，小躁沉舟、勿轻小事。贪官的失守、腐化是长期的，一时的眼泪很难代表真心的悔过，如果有改的心意，如果想改，那么在接受小恩小惠之前就可以改掉，何必等到身负刑责时才悔不该当初呢！我们也应该看到，尽管落马官员的忏悔和痛哭的照片被广泛地运用为警示教育的典型，但是众多官员的腐化堕落并没有相应的减少。有的地方、部门甚至前后几任领导干部相继落马，引人深思、发人深省。

对任何腐败分子，都必须依法严惩，决不姑息，这是治本之道。反腐不相信眼泪，不管眼泪是真心还是假意。触犯了党纪国法，等待的不是宽恕，而只有漫长的铁窗生涯。反腐更不能寄托于贪官的眼泪和悔恨的廉政教育，而应该在创新体制和机制并完善相关规章制度，落实各项规范要求，彻底铲除腐败生长的土壤和空间，这才是关键所在。

治本者，除恶务尽，治标者，法治先行。反腐不相信眼泪，是因为眼泪不能止住腐败的毒瘤。我们更期望的是所有人的微笑——民众的微笑、官员的微笑，在廉洁天空下爽然的笑声。

腐败文化忧思

2007年，腐败、反腐败，这对中国人来说耳熟能详的词深深地嵌入了我们日常生活的每一部分。对这些腐败官员的严肃查处在彰显正义、大快民心的背后，有一种现象让人心忧——腐败已经成为一种社会现象，渗透到我们生活的每一部分。个体的腐败也许并不可怕，但是如果是社会群体的腐化风气，那么影响着的是整个民族和国家的未来，腐败的结果已不仅仅侵害了个人，而且成为社会中每个人的共同压力。

我们不难想象，在一个社会中，在日常生活里，仅仅只是为了生活的需要，几乎人人都必须通过腐败来打通各个环节，那么，这个社会就已经相当可怕了。这样的结果是导致任何一个手中有权力的人都会把权力运用得淋漓尽致，而且都不免有腐败行为。腐败的魅力犹如劣币驱逐良币一样，使正常的制度受到的严重的破坏。这也并非危言耸听，我们可以盘点一下自己的日常生活，当我们遇见任何事情的时候，首先想到是是否认识某某人，是否有什么关系，是否能够找到熟人来解决，而并非相信事情能够依规依律地得到解决，即使有一些人不这么做，那么博弈的结果是他的利益受损。也的确，通过熟人、通过关系，我们可以解决很多原本难以撼动的问题。正因为如此，腐败的文化基础认同感已经极大的膨胀，日常的烟酒小礼被视为"礼尚往来"堂而皇之的大行其道。腐败的现象也造就了人们追逐权力和利益的短暂价值观。因为，当人们不相信制度和国家能够为自己和社会带来公正时，就会采取投机钻营甚至通过违法手段来寻求权力下的机遇、争取利益。这种利益会形成共同体，掌控和把握社会资源，进而侵害社会的平等和公正。这种个体"精明"的普遍化、群体化，也必将造成整个社会运转成本的加大，将社会推入一种道德缺失的状态，产生信仰危机，都只追逐短期的功利目的，最终危及和损害的仍是每一个个体的根本利益。确实，腐败对社会经济的损害不仅仅是腐败行为本身，它导致的是整个社会信用体系以及人们正常的生活期望处在一个不确定状态，从而导致倍感社会艰辛。腐败的结果导致社会的严重不公，贫富差距扩大，社会良好制度难以成型。这样的例子也比比皆是，一部中国历史，朝代的更替往往是因为后期统治者的极端腐化。腐败之后导致民怨沸腾、民不聊生。因此，历史的教训明白无误——贪污腐败若得不到有效的控制，后果将是极端可怕的。

正如专家所言,腐败现象之所以蔓延泛滥,除了体制机制层面的原因外,还因为它获得了一种文化上的支持和心理上的容忍。事实证明,腐败的发生与一个社会的文化有着重要联系,或者说有着直接关系。我国反腐败斗争的艰难之处就在于缺少一种激浊扬清、抑恶扬善的反腐倡廉的文化形态和文化氛围。人们在对腐败问题进行分析时发现,有些腐败行为已经成为一种得到认可的社会风气和生活方式,渗透到一些人的日常行为模式中。腐败一旦成为社会规范可以接受的行为,腐败之风就会愈演愈烈。如果人们对腐败现象、腐败问题、腐败分子产生羡慕、推崇、容忍、庇护等不良的心理状态、行为表现,这种心态形成一种态势,这种氛围成为一种普遍现象,久而久之就会出现一种"局面",造成一种"趋向",形成一个"气候",变成一方"环境",从而形成文化态势、文化趋向、文化氛围和文化现象,最终导致"文化"问题。

面对这样的情形,重塑社会信心,倡导社会良好风气的回归势在必行,而首要的是根治腐败形成的体系化基础。根据国际上的有益经验,从制度上全面有效地整治贪污腐败是治理腐败的根本之道,制度反腐才是治本之源。制度反腐,旨在做到不敢贪、不能贪、不愿贪、不必贪。使腐败官员能够受到严惩,也使得反腐败工作透明化,减少工作中过多打上人为的烙印,促使反腐败工作真正实现标本兼治的效果。当然,制度反腐,重在制度和规范可行性和落实,再良好的制度和规范得不到实行而让位于现实中的潜规则,那么反腐败也只能是一句空话。当前我们的制度也逐步完善,但是制度的执行异化现象司空见惯,腐败者往往不是反思自己的行为,而是感叹关系、后台不够硬等。当然,反腐败另一个重要方面是加强权力监督。权力导致腐败,绝对的权力导致绝对的腐败,权力少了,权力寻租的空间也缩减了,自然腐败的机会也少了。目前,人民内部矛盾、刑事犯罪高发、对敌斗争复杂,国家体制深刻转型、社会思想深刻变化,我们处在一个道德重构和价值重塑的转型时期。这个时期,作为腐败的表现形式,政治资源、经济资源和文化资源的可转换性极强,权力、金钱、知识、声望等各种社会资源正出现合流的倾向和趋势,少数人拥有了大部分资源,而多数人只占据社会极少的资源,此时,建立相应的反腐制度正是最好的时机,一旦形成特殊利益集团,权贵勾结、官商沆瀣一气,社会为反腐付出的代价将是巨大的。

　　两利相权取其重、两害相衡取其轻。腐败的现象已经蔓延到一个需要猛药治理的阶段,根治腐败恶疾,在于用制度重塑社会信仰体系和民众生活信心。普遍的道德是形成社会的基础,普遍的良心则是法律的基础。人们集体宽容腐败的心理如果得不到消除,一些微小腐化的行为得到同情和认可,腐败的危害将越来越大。虽然反腐败工作任重而道远,但是我们应该相信,对于一切事物,尤其是最艰难的事物,我们不应该期待播种和收获同时进行,为了使它们逐渐成熟,必须有一个培育的过程,而这个过程正在逐渐形成。根治腐败亦如此,我们相信未来,相信我们党的自我净化、自我革命能力。重塑思想基础,根治腐败人情,构建教育、惩治、预防并重的反腐体系在不断推进,腐败问题也会得到更加有效的处理。在反腐败上，我们应该认识到，现在的努力正是为了我们子孙后代的安宁和福祉，而现在的松懈留给后人的只能是无尽的负累，希望一代人有足够的担当，为后世留下好的政治环境。

担负起时代的重任，根治腐败文化基因，我们重担在肩。

叁 情随境生

法律人是理性的，但不能只有理性，法律人更应该是感性的，把丰沛的情感、情怀注入个案的处断中，用真情彰显法律的温暖和阳光。

家国文化、人文情怀，法律从来不是冷冰冰的，理性的法律关注和灌注着立法时社会最基本的情感诉求和最朴素的正义内涵。情随境生，此时正确的处断，彼时可能就不合适，此时的从严，彼时可能就要从宽，每一次抉择、每一个个案的办理，都要立足时、势、力，立足当时的客观情况作出最合适的判断。

评价和思考亦如此，散落各处的思考是否有着点滴的思想火花？

我无法评判，只是努力去思考。

清官情结与司法公正
——漫谈司法目标的阶段性

在中国人的眼里，清官情结似乎挥之不去，人们总希望出现一个好官，一个可以快意恩仇、侠骨豪情的好官。在改革的攻坚阶段，在社会各种矛盾深化的时期，在现今贫富不均的时刻，这种情结更加弥漫在我们每个人的心中。由此而来的是希望——强烈的希望——司法的公正。这种需求无可厚非，司法是社会的最后一道防线，人们心理的底线在此受到种种考验。正如培根所言，一次不公正的裁判胜过十次犯罪，犯罪是无视国法，好比污染了水流，而不公正的裁判是践踏法律，污染了水源。不过可以认为，司法公正与否不是人为决定的，它与社会政治、经济、文化、传统等各种因素是相关联的，司法目标是阶段性的。

其实，中国历朝历代都有清官，2007年这一年，热播的《嘉靖与海瑞·1566》讲述了一代清官海瑞的传奇人生，在那样的历史时期，刚毅正直的海瑞只能孤独而又蹒跚地行走着。虽然他极力做到秉公执法、一心为民，可是清官的公正并非司法公正，一个千古难见的廉吏也只能实现一点点具体个案中的公平，而且这种公平是如此的微小。此情此景，我们应该明了，与其呼唤清官，还不如追求制度的约束。司法公正源于制度设计的合理与否，而制度本身是受制于很多客观因素的。

司法公正受制于经济基础。生产力决定生产关系，经济基础决定上层建筑，任何一个社会制度的根源都是在于经济基础模式。在封建社会，地主阶级占有大量社会资源而形成的专制统治根本上难以解决司法的公正问题，具体的彰显正义也是为了维护统治的需要，并非制度本身所能产生的力作用。那时司法的根本目的是维护封建王朝的统治，即使是刚正不阿的海刚锋，面对庞大的帝国陋习也是无能为力，严酷的律条被黑暗的官场操纵的时候，他的命运是无奈的。渴望清官不能真正实现整个社会的司法公正。从根本上说，要实现司法公正就要改变经济基础，解放和发展生产力，借鉴人类发展的一切文明成果，实现社会资源分配的公平和公正。社会经济基础的变化和发展以及由此引发的上层建筑的变革，进而形成一系列制度文明，才是实现司法公正的必由之路。

司法公正受制于社会环境。司法公正是人们永恒的追求，但是实现司法公正并非易事。司法是整体社会发展的一部分，其能否实现公正受社会环境的影响是巨大而深远的。良好的社会基础并不必然实现社会的公平，人是分阶层而生存的，人是不可能完全平等的，也不可能平等到对资源的分配具有一致性。因此，司法公正只是在什么样的语境和什么样的社会环境下的公正，而不可能存在任何社会环境下的相同公正。各国诉讼文化的差异影响了对司法公正内涵的看法，在追求实体结果浓厚的中国而言，追求事实真相就远胜于过程的控制和程序的极端追求，由此，对司法公正的追究也许存在价值上判断的不一致、民众与知识阶层的理解不相同等现象，这也更增加司法的难度和公正的追求度。

清官情结要不得，司法公正又受制于一系列的社会条件，那么人们对司法的期望应在一个什么样的状态呢？对此，应该认为，司法目标应该具有阶段性，对司法的诉求应该是在逐步发展中前进的。当人们对致富的需求远远大于对公正的需求时，一味地强调公正其实是不现实的。人类总有一样的价值判断，中国人骨子里又常不患寡而患不均。虽然这种价值判断在外在的冲击下会逐渐让位于追逐财富的需求，而只有在财富追逐在一定程度，人们才会更加关注社会基础上的公正。在改革开放之初，社会各阶层均获得了利益，社会矛盾在各自财富的迅速积累中抵消了，人们对司法的渴望以及司法机关的角色定位都没有大的冲突。但是，随着改革的深入，社会的发展，民众对法治的需求已经到达一个新的阶段，司法目标由原来维护财富、保护秩序到了对财富的分配和资源占有的不同而相应的扩大了。更多的社会矛盾以诉讼的形式不断进入司法领域，司法的功能和定位需要新的调整。

同时，社会现实更让我们看到，司法在这种情况下被赋予了太多的期望，司法目标的过高性并不能满足民众对司法的内在需求。人们不自觉的又渴望清官的出现，以维护内心深处对现实一些无法解决的问题的寄托。公正从来都是相对而言的。公正的前提不仅仅是司法官员个人的操守，而是整个制度、经济基础的保障和要求。因此，我们也明白，在中国目前的国家财力和环境下，不可能奢望绝对公正的基础都有保障，而只能实现相对的公正，这种公正源于对个人生活在社会群体中的判断和期待。公正没有独立存在的，而是由相互约定而来，在任何地点、任何时间，只要有一个防范彼此伤害的相互约定，且这约定能相对有效实施，公正就可能自然形成了。

公正从来不是天生的，司法目标的实现也是随着社会不断发展而逐渐清晰的。我们反复说到一个观点，当人们不相信法律或者不再相信法律能够为自己和社会带来公正时，就会采取投机钻营甚至通过违法手段来寻求权力下的机遇、争取利益。这种个体"精明"的普遍化、群体化，必将造成整个社会运转成本的加大，将社会推入一种混乱无序、道德缺失的状态，最终危及和损害的仍是每一个个体的根本利益。这就是当代中国人倍感社会关系复杂、人际关系复杂，人的精神负担过重，社会发展依然步履沉重的一个重要原因。其实，我们应该看到，司法目标从来都是立足于现实的，超脱的谈论公正只能是空中楼阁、镜花水月。立足于现实而要求的公正才是真正的看得见的公正，道德化的要求一个司法官员处断公正只能是个例，不可能实现整体的公正要求。

人们期望清官出世，更加渴望司法公正。其实从公正的历史发展而言，一个阶段的目标只能是符合这个阶段的历史特点。封建王朝的清官在现实生活中只是一种寄托和希望，这种愿望随着民主法治的发展必将逐渐淡化。我们追求司法公正之路，一是其他国家已经走过的，二是其他国家正在走的，因此，这条路并非是西方国家的现有之路。法律虽然离不开政治，与政治有着千丝万缕的内在联系，但法律也并不依附于政治，它是在人类价值追求的角度上独立存在的。公正无须激进的口号，公正本身蕴含是民族自身的价值判断，这种判断扎根于民族文化之中，在追求理想公正的路上，不会也不可能脱离目标的渐进性。

道德自责与法治良心

2007年的某一日,上海大学学生范司(化名)在该校论坛上向一名被盗女子道歉,起因是他在眼看小偷行窃得逞而没有上前制止,他希望通过这种方式向公众诉说自己的歉意和疑惑,以此消除内心的自责感。

对该生的此种自责,我们都应该表示赞赏。然而,道德自责毕竟无法解决实践中发生的问题。从个例探讨存在的问题没有大的意义,从整体上看,近年来,路遇歹徒行凶而不予救助的事件屡见报端,也引发国人一致的谴责与愤怒。谴责固然是对道德良心的整体反思,但是谴责的背后是否应有一些值得我们思索的地方呢?范司在信中写到"极度的自私和懦弱占据了我的身心,一路上,我都在思考,为何自己变的如此麻木,如此冷漠"。事实上,冷漠如果只是一个人的行为,那也许是个体的因素,而冷漠是整个社会的存在，那却是一个整体需要思考的问题。道德自责的背后其实是考验我们的法治良心。法律是最基本的社会道德，法治建构在人们普遍遵循的行为准则基础上，而冰冷的法律以及在此基础上的法治其实需要良心，其根本在于法治是好法之治，法治在于良心之法。

范司在自责信中坦言，自己不见义勇为很大程度上源于害怕被报复。如同在刑事诉讼中很多证人不愿意出庭一样，这些人并非没有道德良心，而是害怕被报复。毕竟，人是趋利避害的，道德需要保障，要求一个人不顾自己的生命或利益去帮助别人，那不是一般人的道德标准，普遍的道德只能建立在社会一般民众承受的范围之内。应该说，良心支撑着道德，社会需要每个民众的良心，但不可能也不应该要求每个民众都是圣人，道德自责的背后其实是制度、体系保障的缺失。

从法律的角度、法治的视野里，范司没有义务帮助一个正在被盗的陌生人，或者说他的漠然并不能引发法律对他的负面评价。但是，从法治的基本社会基础上看，我们在不对个人行为进行评价的时候，应该对制度及保障普通人履行道德时的安全感设置一个基本的躲闪空间。范司的自责考问的不是道德的无奈而是法治的良心。法治并非万能的，其实法就是人类自己选择的一种更有效生活方式而已。之所以从无法到有法，从人治、神治到现今法治，因为相比较而言，神意作为治理国家的基本手段的年代，随人类智力的开发而不断遭到质疑；选择人意作为治理国家的基本手段的年代，人类遭受的成本是巨大的；因此人类选择了法治。由此可知法治并非最好的选择，只是最可行的选择。当然，不可否认的是，在价值观念多元化、生活世俗化的今天，人选择用法来规制自己的生活方式，在一定程度上更加规范人类自己的追求。法如语法，语言的存在是其基础，生活的存在，才有法存在的基础。在初民社会，人们生活的规则或者说"语法"是神意、习惯，因为那时的选择有其历史必然性。时至今日，人们选择了法治来治理生活，生活的"语法"就是法律，此时也是历史的必然，但这种选择却不能必然带来道德水平的提升，相反冰冷的法治引发的是社会的冷漠，法治的良心才能带来整体生活的温情。

  道德自责体现的是个人境界，而法治良心体现的是整个社会的道德把握。在全面依法治国的今天，高度倡导法治的基本元素时应该提倡道德的法治保障。普遍的道德是社会的基础，普遍的良心是法律的基础，如果我们的良心得不到相应的保障，那么和谐之路将是漫长而遥远。当然，还是培根所说：对于一切事物，尤其是最艰难的事物，人们不应期待播种与收获同时进行，为了使它们逐渐成熟，必须有一个培育的过程。经济发展、生活殷实后的我们，在道德基础建构的路上需要渐进和执着。随着社会的进一步发展，希望我们的道德自责无须出现，我们的法治良心保障愈加丰厚。

法律精神下的判决

一个时代的法律精神是这个时代社会制度的重要价值基础。法律的根本精神在于追求社会公平和正义，法律精神的展示，法律引领社会公正追求的一个重要途径是通过法院的判决来体现的。因此，我们至少可以认为，即便是在成文法国家，判决不仅仅是了结诉讼双方的利益，更重要的是通过判决告诉社会和民众，法律彰显的是什么，鼓励的是什么。发生在两年前的南京彭宇案让我们对这个问题有了更加深刻的思考。2006年11月20日，南京老太徐某在等车时被撞倒，男青年彭宇看见后将其送到医院并垫付200元医药费。事后，老太太及其家人指认彭宇为肇事者，并将其告到法院，索赔13万多元。后法院作出一审判决，彭宇被判赔45876元。判决书称"彭宇自认其是第一个下车的人，从常理分析，他与老太太相撞的可能性比较大。如果不是彭宇撞的老太太,他完全不用送她去医院"。当然,事实如何,已经无法复原,只有根据常情和证据来推定。

  姑且不论这个判决所进行的司法推定是否正确,判决对事实的认可和推定是否合理,就从判决本身所应引导的价值理念和蕴含的法律追求来看,似乎有探讨的余地。当前,我们经常抨击大众的冷漠和无情,诸如,面对歹徒行凶不救助、面对老人摔倒不帮扶……我们有理由相信,更多的人在这样判决和事件的引导下,即便有心乐于助人,也会望而却步。帮人不如不帮。不帮,至多被抨击为没有高尚的道德感,而如果帮了,那么,不仅可能得不到赞扬,更可能要付出法律上不应有的代价。一颗好心,如果换来的却是无尽的烦恼,那么善良会在现实中逐渐消减。因此,且不说哲学意义上的人性善、恶之分,就一般而言,见义勇为是公民一个简单的道德要求。然而,很多人不敢为甚至不愿为至少体现了支撑道德行为的保障没有形成。做好事可以不求回报,但是做好事至少不能受到伤害。换言之,做好事的负面代价不应该出现在我们的生活中,即使不能杜绝,也应该努力让它最少发生。其实,个体的行为和道德的自责体现的是整个社会的法治良心,是整个社会对法治、人情的具体把握。时至今日,人们思想的变化和舆论评价的失真,导致很大一部分见义勇为者并没有为自己的行为感到自豪,相反却后悔。

  当然,在没有全面了解案情的基础上,不能对判决是对是错进行评判。但是,我们可以肯定的是,判决不能机械地执行法律条文。在不能明确条件或者存在模糊地带时，判决更多的应该是在法律精神下的最终决断，更多的应该是引领社会风气，鼓励道德从善，淳化人心，更多的应该是倡导一个社会的价值追求和生活理念。由此，更联想到去年上海大学学生范司（化名）在该校论坛上向一名被盗女子道歉，起因是他在眼看小偷行窃得逞而没有上前制止，他希望通过这种方式向公众诉说自己的歉意和疑惑，以此消除内心的自责感。我们对该生的此种自责表示赞赏，然而，道德自责毕竟是无法解决实践中发生的问题。

　　个人道德体现的是个人境界，法律精神下的判决引领着社会道德的升高和教化，而判决展示的法治良心体现的是整个社会的道德把握。或许司法者更多从证据等角度把握已经发生的事情，但无论是技术层面的应对，还是理念层面的思考，判决之下，不应只顾及个案的情形，更应该考虑社会的整体反应，考虑民众的朴素思维和法律应有的功能。在法律规则内考虑效果，并不是机械地执行法律，而是在法之内，尽可能地达到最好的社会效果。这种效果的判断需要对社会、文化、人情等有着相当精深的把握和理解。人的良心来自于知识和全部的生活方式，法治的良心则来自于司法的所有集合。任何一个判决，都是法律精神、法治良心的体现。判决时的考量，就是社会法治程度的重要表现之一。法律虽是最基本的道德，但这基本的道德却是维系社会进步的重要"利器"。我们选择了法治，选择了现代法律制度和框架，这些正是维系人类进步的基础。崇高的道德抑或很难，但基础的道德却必须提倡。在迈向和谐、法治社会之路上，希望彭宇的郁闷、范司的自责、救人者的后悔不要再出现，司法终决的重要载体——判决应该用温情撑起人心的蓝天。或许，我们对判决赋予了过多的期待、压力，但作为社会公平正义的最后一道防线，判决、司法虽不能承载过多的功能，但从道德引领角度上，它也应该承担起"生命不能承受之重"。

法治意识的培养
——奥运安保后的法律思考

2008年，我们经历了太多，大悲大喜，大苦大乐。时隔一年，无意从宏观的价值层面去描述过往的一切，仅仅是以自己作为一个奥运安保志愿者的角度，阐述对法律和法治的理解。亲临一线，面对面执法，才发现，法律、法治、依法治国，原比想象得要难。如同斯特朗斯基说的，要讲民主的话，不要关在屋子里读亚里士多德，要多坐地铁和公共汽车；要讲法治的话，亲临到日常国人生活中而得到的感受，远比在书斋里、办公室中大谈特谈理想制度的设计要好的多。

规则意识的缺乏
——长期缺乏法治文化传统的影响抑或是法制的不完善

国人都有闯红灯的"习惯"，我们无意对

这一个行为作出评价,只是对每每看着红绿灯口上交通协管员不停地扯着嗓子维持秩序时,不免有一种悲凉的感觉,一直在想,究竟到什么时候我们可以真正做到红灯停、绿灯行。管中窥豹、可见一斑。当然,这个问题以前只是感性的理解。而这次作为奥运安保志愿者之后,我不能不理性的思考了,来源有三:一则,我们所在安保范围内由于有国际奥委会的官员和一些国家政要居住,因此,按照要求,禁止无证(北京奥组委颁发的证件)人员通过。这是一个非常清楚的事实。然而,就是这样清楚不过的事实,在安保中遇到了我们认为不可思议和前所未有的困惑——不停的有人企图通过,而且无视在通行口上的标识——请出示您的证件。这个问题让我百思不得其解,通行口有标识,而且有警务人员在执勤,为什么这么多国人连看都不看并且还试图通过呢?二则,当通行口安保人员告知试图进去的人需要查验证件的时候,被查验的人开始是不耐烦,接着骂骂咧咧,再接着就出言侮辱,而且这种情况不是个例,屡见不鲜。我们以前一直认为警务人员有时候特权耍横等,才会引起老百姓的怨恨,应该微笑对待……但是那一刻感觉是,要做到一切都微笑对待太难了。三则,我们主要负责提供语言帮助,在我们检查和咨询的所有外国人(有奥组委官员,也有普通外国游客)中,没有一个直接就想硬闯进通行口的,真的有人图近路想进去,他们都会先在通行口咨询一下该如何走、有什么要求和条件,不仅如此,在听说无证人员不准通行的情况下,一般都会自觉离开。我们崇敬于国人的勤劳勇敢,也惊叹于国人的"无法无天"!

三则情况让我感慨万千。在我们遵循依法治国的目标前进的时候，是否认真思考一下，法治在中国真正执行到底需要那些软性要求呢？有人归结于国人受教育水平总体较低，素质不高等。虽然不同意这些说法，特别不同意国人的素质比较差这样的说辞。因人性是相同的，外国人素质并不比我们高到哪里，如果在一个无拘无束的环境里，人性的一些弱点和不足都是一样的，因为人无非就是高等动物，有些特性是先天的。当然，可以认为，出现这样的问题原因有很多，一个主要原因是我们法治意识、守法意识或者说遵守规则意识的缺乏。我们都知道，中华文明是世界古代文明中始终没有中断、连续五千多年发展至今的文明，具有独特的人文传统，以人为本、以和为贵、厌讼厌争、社会和谐等深深植根于每个中国人心中。当然，我们也不能否认，传统至今的意识中仍然有一些糟粕，比如，官本位、特权思想等，而规则意识的缺乏也是一个至今危害甚深的不良传统。这个问题可以换一种方式表述。目前而言，全面依法治国是我们的理想，也是我们的目标。法治成为现代社会的一种追求，成为了人们规制自己行为的一种选择。但是，在一个没有法治传统而又有着十分复杂的文化传承国度里，我们的法治之路无疑是漫长而又曲折的。

法治的精神意蕴在信仰——社会绝大多数成员所具有的一种对法的宗教般的虔诚而真挚的信仰。而我们恰恰缺乏对法最基本的信仰，姑且不论愚昧者曾有言：国家的法律是制定给外国人看的。就谈普通社会大众对法的认知和感悟就可见一斑，在众多人眼中，法律仅仅是统治的工具，法是管老百姓的。这种认识的悲哀只是表现，深层次在于我们信仰的缺乏，在于我们缺乏一种宗教般虔诚的对规则、对法的信仰。我们是长期受儒家影响的国家，我们信仰儒家的一整套理论。但这不影响我们相信法律、相信规则。不能对法律的态度只停留在它是一种管制手段的低级阶段。这种认识极大地伤害了法律的权威，损伤了法治的功能。如果这样人们的思想就只处在一种真空阶段，对社会解决矛盾的认识只能是在一种悸动和世俗中徘徊，这是法治建构的软肋——守法意识、规则意识的缺乏。

执法司法者的高素质
——民众的期许、执法的要求、法治信仰载体的集合点

生活中，一些执法者特权思想、霸道作风严重，有的自以为是人上之人，不能平等态度对待人，在执法中漠视当事人的合法权益；有的自认为是法上之人，不依法办事，不遵纪守法；有的认为是管人之人，在执法中耍威风、逞霸道等。由此而来的一个问题就是执法司法者的素质——一个民众对目前一些执法不公、司法腐败情况深恶痛绝的问题。执法司法不公乃至腐败影响恶劣，是一个制约法治科学发展的毒瘤，应该下大力气采取各种方法加以整治。然而，安保中，一名执法者的一句话——在中国，执法者的素质只能与民众的素质成正比——这不能不让人反思。出此言语的前提事由是，有一名人员就是想骑车硬闯，在他制止无效的情况下，出言严厉要求对方退出，对方开始大声喧哗，并出言

恐吓。当时思索，为何违法者明知自己行为违法却还要振振有词，并且出言恐吓，这不仅是对执法者的蔑视，更是对法律权威的蔑视。而之后，我相信被制止的人肯定在心里也会一直愤愤不平，并且会认为执法者的素质低。如果相关情况被曝光，不少人肯定会偏向硬闯者这一方。同情弱者是人类的本能，但哪些时候哪些人是弱者，哪些行为体现了对弱者的照顾，也需结合实际具体判定。

    而亲身经历的另一件安保小事更是令人深思。一名游客（国人）边看着离她不远的垃圾箱，边将手里的餐巾纸扔进一辆自行车的车篮里（自行车刚好是安保警察用的），警察很和蔼问了句，同志，为何乱扔东西？游客不仅没有好气，而且反问，我又不扔你车篮，关你什么事？警察又说了句，这就是我的车篮。此时游客反应很反常，大声说，怎么可能，但还是不情愿的把纸拿出来。警察摇摇头对我微笑一下。之所以对此事记忆如此深刻，不是因为警察的脾气好，而是因为不尊重警察背后的东西和思维一直让我深思。游客如此蔑视警察不仅仅是对警察的不尊敬，更是对法律的一种不屑一顾。她的潜台词就是如果不是有人看着的自行车就随便可以扔进东西了？警察管了，还要受数落。我想，任何一个法治国家，守法是最基本的要求。可是，为何某些国人的守法意识、守规则意识如此之差呢？试想，如果警察也发火了，也出言教训了一下，然后媒体再炒作一下，是不是说明警察素质不够高呢？在此无意为执法司法者开脱，只是就事件本身而言，执法者的素质的确受制于执法司法对象的素质。我们很难想象一个随便无视规则的人需要执行规则的人用高道德的执行标准去约束自己，更难想象在一定程度上执法者还要承担着过于严格的要求。打不还手、骂不还口，那是道德的约束和要求，从法律上看，对这样事情的放纵不是执法为民，而是鼓励对规则、法治的蔑视，最终伤害的是每个人自身的利益，损害社会的整体公信。

由此，执法司法者的素质，到底是一个什么样的要求？同样的教育、同样的追求、同样的理想的法科毕业生，在一线执法过后，身上的气质已经截然不同了。执法司法者的素质低，有执法环境的因素，有执法司法者自身的因素，也有执法对象的因素。近些时候，上海杨佳袭警案促使我们从更深层次来思考这个问题。如果择取一个角度，即文化传承角度来反思如何建构，那就是——应该培养全社会的规则意识。首先是执法司法者对法律、对已制定规则的信仰。其次是普通民众对法律的信仰。

当然，一种道德的要求和约束是远远不能解决现实问题的。执法司法者素质的提高，需要随着经济社会的发展，随着人们对法治和民主诉求的不断提高而不断的向前推进。只有当规则显示规则的巨大作用和社会需要后，高素质的执法司法者才能得以形成，得以最终实现。目前，现实的衡量中，我们对公平正义的追求弱化于我们对自身发展的要求时，在一切以前进为目标的引导下，人们的取舍只能是牺牲法律的群体性要求。不过这种情况在日益富足而且法商不断提高的民众要求下会逐渐得到改变，人们的法治追求越来越会培养对法治的信仰精神，也会越来越凸显法律的巨大作用。

培养对法治的信仰
——法治是一种生活方式,法治信仰的建构是成就法治的基本要求

除了执法司法者素质外,民众的法治信仰尤其重要。对一个没有法治文化传统而又在追求法治的国家,其法如何才能得到人们的认可、遵守?在推进全面依法治国方略上,我们不能仅注重完善立法和执法,而要从根源上培养法治信仰、法治精神,以教育为本培养法治意识,以守法为根、政府先行培养规则意识,并让全社会相信法律而不是寻求高层次官员的批示和关注。诚如庞德所言,一个时代的法律精神是这个时代一切社会制度的价值基础,任何法律制度一旦权威性地形成之后,人们必须以宗教式的虔诚去捍卫它,任何非传统形式的否定、修改、曲解法律的行为或者动议都是对社会正义的直接危害。当然,培养一种社会信仰非一朝一夕之功,需要以现实司法公正为基础。从历史发展的角度,随着人们思想的开放,多元化的变动会逐渐形成,这种变动只能选择社会中每一个人可能参与和遵守的规则作为规制生活的基本手段。所以法治就成为一个必然,对法治信仰的结局也终究会成为历史的选择。但是,自然的发展是漫长而且代价巨大,因此,为了更少地付出不必要的代价,我们应该更早地倡导全社会的法治信仰。

培养法治信仰,贵在坚持,贵在执法司法者先行。虽然民众的法治意识有待提高,但首先官员要尊崇法律。中国自古以来以官员行为为标杆,上行下效。如果党风政风改变,则社会风气必然随之一变。如果大

多数官员信仰法律、依法办事，那社会上依法办事的范围就会形成。我们期待改变的同时首先应该从自身做起，从基本的要求入手。而这些开始，官员的带头作用至关重要。

死刑呼唤生命

死刑只是两个字——死刑,这是我从事检察工作之前对死刑的认识。

死刑还是两个字——生命,这是我从事检察工作之后对死刑的理解。

第一次开庭,那天天很阴,上诉人因被雇杀人一审被判死刑。死刑,这两个经常在书本中见到的字即将用到一个鲜活的生命上,心中充满沉重和好奇。到了法院,好奇之心渐渐消失,代之而起的是无限的凝重。庄严的审判大楼中,头戴钢盔、身穿制服的法警和即将告别生命的死刑犯,让我感受到了气氛的沉闷。在熠熠生辉的检徽和法徽下,这些得知自己生命即将走向尽头的人们用绝望眼神注视着身边的每一个人。望着那些眼神,我带着冷漠的表情,装出没有同情的神态,更或者是我根本不知道要用怎么的神态来回应他们的眼神。这些人,基本上没有一个站立的,都是瘫靠在墙根边。

  开庭了,上诉人的神态很安详,这多少让我的心慢慢地平静下来。也许,不同的人有不同的表现吧,他们对生命的理解可能远超过对自己生命的尊重。然而,在我们检察官五句话的讯问下,他突然哭了,一个男人在这时候不争气地流下后悔和绝望的眼泪,泪水中分明寄托了自己对即将面临惩罚的哀思。他用沙哑的声音阐释自己的罪行和无知,面对高悬的国徽,那低垂的头显得无比沉重。法庭审理渐渐走向尾声,给他最后陈述的机会,此时的他在泪水的洗礼下显得憔悴和疲惫。他继续用沙哑的声音提出了最后一个请求——请求在他临终前把肾卖了,钱一半给父母,另一半给被害人家属。我突然地感到震惊,不是因为他的言语,而是因为从一开始到现在他的忏悔。直视他的眼神,我看到的是忏悔和虔诚的目光。那种一开始压抑的心态重新占据了我的整个心灵,脑中异常清晰的盘旋两个字——生命。

  终尽自己的思考,我无法知道死刑的真正意义,存在就有其合理性的价值,这也许是对的。但用一个生命来偿还另一个生命是我们的追求吗?杀人偿命、欠债还钱,这是我们古老的信条和传颂至今的民间心态。可在人类历史长河中,这种报应式的惩罚一定能使人改恶从善吗?而且,对于生者来说,那种伤害永远存在,对死者而言,罪犯用命来偿还自己的罪行,消失了生命的罪犯还是无法体会自己的罪恶,留下的还是无法复原的无奈。正如贝卡里亚所言,用死刑来证明法律的严峻是没有益处的,如果说欲望和战争的要求纵容人类流血的话,那么,法律作为人们行为的约束者，不应该去扩大这种残暴的事例。

生命是短暂的，珍惜生命是人类的本能，当一个社会为了调解和谐稳定的秩序时，用一个生命来偿付另一个失去的生命，这并不是我们的追求。为了人类的生存，我们有了刑罚，但刑罚的最终目的是预防而并非惩治。这也使我想起了一段话：我们也许需要牺牲一名罪犯，然而，我们不应忘记，当我们判定一名罪犯该死时，我们所判定的也许就是人该死；相应的，我们更不能忘记，在我们拯救一名"该死的罪犯"的同时，我们也许就是在拯救人类自身。千古艰难唯一死，当用一个生命来偿付另一个生命时，对于生命的价值，对于剥夺生命的刑罚，也许我们应该反思。

我国国情的特殊性使得死刑存废争议巨大。死刑有其存在的价值，但是，减少死刑、慎用死刑，应该是我们不变的追求。人类走向文明的标志，就是不断地减少刑罚的残酷性，代之而是对生命的改造。死刑问题复杂而重大，有着无限思索的可能。生命是无价的，对于无价的生命，如何进行刑罚制度设计，我们要思考的还很多。

感动的瞬间

来检察院之前就听过方工的大名,知道他是全国公正执法的楷模,是一名优秀的检察官,很有些敬仰之心,也有些好奇。

到了检察院,我在市院工作,他是一分院的检察长,一位领导,平时接触的机会不多。幸运的是,我们在同一栋同一层楼办公,于是每天都有些机会可以近距离接触。这种接触是平凡的,只是因为见面打招呼,这好像在工作中是一个基本礼仪,哪怕是点头微笑。在日常生活中,这种"小事"似乎也逐渐有一个不成文规矩,遇到领导一般是下属先打招呼,先点头微笑,先颔首示意,先恭身让道,大家也习以为常。而唯一的一次例外是遇到方工,在我中午准备就餐去食堂的路上,在我们迎面相遇的一刹那,在我准备侧身的时候,他先轻轻的让道,微笑的点了点头;我有点突然,但那时的感觉很温暖,那一刻,和蔼的面孔、花白的头发、微笑的脸庞让我至今记忆深刻。

加深这种记忆的是在一个阴天,楼道里很暗,暗的几乎看不见,走廊的灯在这种情况下被全部打开了。中午,天渐渐的有些放晴,大家陆陆续续都去吃饭,楼道的灯依然亮着,很亮,在我慢慢走过楼道的时候,远处传来一阵阵清脆的声音,楼道的灯灭了。我转身,看到一个熟悉的背影,手正按着楼道上的开关,一个一个的按着,是方工,那时,他消瘦的背影在阳光的斜射下无限得高大。

日常的记忆、点滴的故事让我间接感受到一个领导干部,一个楷模的工作生活,虽然没有直接交流过。时间就这样默默走到2006年,一个依旧很普通的年份,他调往市院,分管刑检工作,成了我的直接领导。好奇重新燃起在我的心中,为自己有机会亲自聆听楷模的教诲而深深的激动,我等待着能够面对面学习一个点滴中透露无限魅力的优秀领导干部。刚来工作的他马不停蹄地带着刑检部门的同志到各个区院调研,幸运的是,我有机会跟着他一起出去调研。

润物细无声,体贴入微的关怀会照亮年轻人的心,虽然一直觉得深刻理解了这句话,但切身体会到的是跟着他出去的那段日子里,我更加明白了这个道理,体会到了这个说法。严谨的工作作风,求实的工作态度,平易近人的工作风格……一切的一切一直刻画在那曾经记忆深刻的画面中。而这画面不止一次的重新映入我的眼帘:小余,每次做了这么大量的记录,本子够用吗?小余,调研这么晚了,你怎么回家?小余,七点多了,晚饭怎么吃?好些时刻,细微的关怀让一个在异地他乡工作的人惊讶、感动,一个关注整个城市刑事检察工作的领导竟然还留心这样的一则则小事。阳光下,感觉很温暖。

然而,感动不止于生活。爱看《检察日报》的我经常会在上面看到他一篇篇从调研实践、生活感悟中提炼的文章,无论用的是真名还是笔名。每一篇文章,文笔细腻、流畅,字里行间透露一个领导干部对工作深入细致的思索。一个平时工作这么忙的领导,一个每天处理如此众多复杂问题的领导,却能经常地撰写如此具有理论深度和思想内涵的文章,这让我更加感动。而依然的,他每天都在学习,在日常生活中教育大家认真学习,鼓励大家多读书,以一句文豪高尔基的名言"书籍是人类进步的阶梯"鼓励着周围的每一位检察干警,鼓励大家培养应具备的工作理念、知识、能力和人文道德品格。

这就是我近距离接触的楷模,认识的模范检察官。接近,让我敬佩他的为人,敬佩他的文笔;了解,让我敬佩他的思维,敬佩他的勤奋。

感动2006,感动方工,感动生活,感动工作。

民生之艰，稼穑之辛

2011年的夏天，从延庆井庄镇回来，总有一股莫名的情绪绕在周围。在北京的农村看到这样的情况，多少让我有点意外。

三司村，是这次"三同四情"活动的驻点，位于延庆县城东南13公里，南有燕羽，北临妫河，东近九龙，西连柳沟。明代在此修长城，筑墩台，造营城，至今还有烟墩、窑院、土城墙等古迹存在。这里，就是我们即将与农民兄弟同吃、同住、同劳动的地方。

玉 米

初升的太阳静静地照耀这个我还不熟悉的小村，陌生和宁静占据全部身心，还没来得及品味乡村的自然气息，我们就开始进行入户调查。一户，推开门，门前几堆玉米，没人。两户，推开门，门前还是几堆玉米，没人。疑惑和纳闷儿伴随着我们,大家只好继续敲门,不知不觉走过了几家,门前依旧是几堆玉米。幸运的是,我们听到了声音,闻声而去,一位脸上刻满风霜的老人家从玉米堆后走了出来,热情地问候我们。今年玉米大丰收啊,每家每户都堆了好多,我们问到。老人家微微笑着回答,还成,年景好,今年比去年好多了;村民收入主要以传统种植为主,大部分种玉米,另外还有一些绿豆、黄豆、谷物等杂粮,还有一部分种果树,但是因为缺水,没有好好打理,这几年也没了,种植养殖都停留在原始水平,效益不高,靠天吃饭,村民增收致富难度大,老人家缓缓地说。我们的心随着他的介绍而逐渐沉重。虽然玉米收成还可以,但是种植成本也逐渐上升,刨去费用,剩下的也不多。而这,还是好年景的时候,如果不下雨,那可能颗粒无收。不种点别的吗?我们依旧疑惑。种别的,长不成,没水,玉米还好点,要求雨水少,老人家一口气说完。我们沉默着,也许这样的开始让大家只有沉默。继续挨家挨户调查,见到的,除了玉米还是玉米,听到了,离不开玉米,离不开村里的主要经济作物——玉米。

水　井

　　玉米可以靠天生存,靠雨水养活,人呢?带着这个问题,我们走进了另外几家。这个村饮水很困难,以前每家都建个水窖,接着雨水和雪水,紧着用。后来政策好了,在村上头打了一口井,大家每天去井里挑水喝。村民不约而同说到。按照村民指着的方向,在村妇女主任的带领下,我们满怀期待地去看看那口养活全村人的老水井。水井周围长满枯草，井上方的辘轳已有皲裂，旁边还有家畜饮用的水槽。放下水桶，打了一点水，有点浑，带着泥土清新的味道。我们尝了尝，很甜。旁边的几匹马磨了磨嘴，它们的眼神很钦羡。

随着对饮用水的要求越来越高，老水井已经不能满足全村人的生活需要，村民介绍到，为缓解饮水困难，2009年，村里组织打了一口280米深的水井，尽量接通到各户。当然，由于地下水比较缺乏，实行了定点供水，以防止水资源浪费。一位村民边走边向我们介绍。回去的路上，已近中午，大家都应该休息了。但是，两位老人家对着大路横着挖道，却让我们好奇心再次升起。大中午，挖什么，我们停下来问。自己房子是新盖的，还没接通水，只好挖个道接水，答话的他们脸上充满期待。抬眼望去，房子离水管不远，但是隔着一条废弃的水渠，要接过去，得挖很长的道，他们已经挖了好几天。回到住的地方，习惯性地打开水龙头，想洗去一身的疲惫。猛然间，映出两位老人家挖水道的镜头，我把水龙头拧了拧，在洗完菜的水盆里洗了洗手。茶杯里的水没了，我忽然间不觉得渴。

留守老人、儿童

转遍了几乎一大半村户，只看到一个青年人。我们不甘心地多找了几户，终于到了一户人家，里面有嘈杂的声音，人很多。很激动地进去，是几个大爷大妈在聊天儿。村里的年轻人都出去打工了，几乎不在家，逢年过节偶尔回来一次，家里只剩下老人儿童，孩子上学还得到镇里，村里没有小学。她们似乎已经了解了我们的疑惑，还没提问，就回答了。

去过北京吗？我们问户主大妈。没有，我嫁到这村快四十年了，最远去过延庆县城，没有去过北京。去北京，现在就两三个小时的路程，外地很多人都来北京看，你住在北京，还不进城看看，我们依旧疑惑地问到。她嘿嘿笑着，没有回答。没有按照预先列好的问题，我们只是和她们聊着聊着，这样的距离才很近很近。时间过得很快，一天的入户调查快结束了。我们一起照张相吧，不知道谁提议到。好，好，好，她们很快回答道。质朴的脸上涌现出快乐的神情。我们站在那里，并排着一起合影，夕阳西下，阳光暖暖照在一张张淳朴的脸上。临别时，大妈一再嘱咐我们，回去一定把照片洗了，寄给她们。心里默默地念着，大妈，您放心，这点小小的愿望我们一定满足。

烽火台

乡村的夜晚，繁星点点，难以入眠。乡村的早上，炊烟袅袅，闻鸡而起。我想记住这个地方，虽然拥抱她的时间如此的短暂。清晨，一个人沿着日出的脚步，漫步爬上烽火台的遗址，远眺这个村庄，刹那间，沈从文的话跃然入脑，我们行过许多的桥，看过无数的云，却只在正当好年华的青春住过今生难忘的村。如今只剩土堆的烽火台巍然屹立在燕羽山上，如同一位历史老人，见证着刀光剑影，见证着狼烟四起，见证着北寺沟的四烈士，见证着这个小山村蹒跚的步履。国以民为本，民以食为天。民生，民生，它原来不是一个词，而是一种责任，一种牵挂，一种情怀，要知稼穑之辛，要知民生之艰。

燕羽山麓毓秀,白河渡槽飞虹。古时柳沟为城官,为保卫城官,在土长城脚下设司,有司官,柳沟往东分别是头司、二司、三司、四司,本村是三司……

回京的路上,我清晰地记着这些……

阳光下的太阳村

四月的北京,乍暖还寒。路两边的玉兰花在初春里绽放着美丽的花瓣,流淌着醉人的芳香,在朝阳下格外的纯洁。

汽车缓缓往郊区开去,往太阳村开去,车里装满了院机关团委募捐的一千多件衣物、书籍、文具等物品。太阳村,虽然我知道那是一个无偿资助无家可归的孩子的地方,不免有一些沉重,但是这个名字在阳光明媚、春暖花开、草长莺飞的这个季节,让我心旷神怡。

随着一阵低缓的笛声,汽车停在一棵人造的大树下,远处是几间板式结构的小房,房子周围盛开着美丽的玉兰花。周末,孩子们都在进行着各式活动,前来接待的太阳村北京中心张主任安排了一个李老师带着我们去看望中心的孩子们。我们微笑的向孩子们招手。不同于这个年龄段该有的活泼,孩子们用陌生的目光注视着我们,甚至带着些许敌意。李老师不无歉意地对我们解释:"这些孩子都是服刑人员的子女,心灵深处难免存在一些抵触情绪,特别是对制服比较敏感。"听到这话,着装的同事都悄悄的走在后列,沉重的思绪涌上我们的心头。

走在夹道,两侧孩子们都生生地望着我们。李老师历数着中心孩子的具体情况:"有些孩子心理压力过大,父母犯罪的阴影始终压在他们头上,无法得到正常的家庭生活;有些没有户口,没法上学,将来是个很大的问题;有些孩子对抗情绪强烈,没法管教……"阳光般美好感觉仿佛被乌云遮住,沉甸甸的感觉愈加压抑。看着大家神情,带队的团委书记微笑地说道:"我们去跟孩子们好好沟通沟通吧。"

生生怯怯的孩子们在与我们的聊天中逐渐开朗,大家心里沉重的思绪慢慢放开了,我们明白,对这些孩子的沟通和关怀打开的不仅仅是他们的心扉,更让孩子们感到社会并没有放弃他们。"带叔叔、阿姨去看看你们的成果",李老师不失时机地说道。孩子们略显羞涩并高兴的把我们带到爱心艺术画廊,画廊里陈列着孩子们自己创作的民间剪纸艺术、陕西农民画、刺绣、摄影绘画作品等。这些创作着实让我们震撼,一幅幅倾注着孩子们心血和汗水的画惟妙惟肖,仿佛把生活的热情和希望都融入美丽的画卷之中。

"作为 NGO 组织,十年来太阳村以无偿代养代教服刑人员未成年子女为己任,对服刑人员无人抚养的 800 余名未成年子女进行特殊教育,使他们在一个相对安定温馨的大家庭里像其他孩子一样受到保护。"李老师严肃的脸上带着些许的自豪说道,"越来越多的社会各界人士也关注我们,国际组织、咱们国家的慈善机构、民间慈善人士等都纷纷给予我们资助和关怀。""你看,那些都是大学生志愿者!"顺着他指的方向,远处一群衬衣上写着中国政法大学、北京航空航天大学等学校的年轻大学生们正与孩子们嬉戏、打闹。"我去叫他们帮你们把捐赠物品扛下来",李老师欢愉地说道。满车的物品不到十分钟全部卸下来,孩子们也成群的跑过来,轻轻地叫道,"叔叔好,阿姨好!"着制服的女同事还专门抱着孩子拍几张照片,笑容占据我们所有人的脸上。

一天的教育资助活动即将结束,和孩子们招招手,我们即将离开。阳光下,一群朝阳般的孩子,用感激的眼神望着我们。"叔叔,再见,阿姨,再见!"稚嫩的声音在天空中环绕,大家都没有说话,向他们挥了挥手,此刻,我们能做的只有这些。

父母有罪,子女无辜。和谐需要更多的对弱势群体的关爱。这些孩子应该和其他孩子一样沐浴在阳光下,得到社会更多的关怀。每个孩子都是祖国的未来,在宽敞明亮的教室里教育长大的社会其他人,应该关心这一群体,使他们走出阴影,远离流浪、乞讨、失学、饥饿、疾病、虐待的威胁,使他们和其他孩子一样,生活在安定有序、诚信友爱的社会主义和谐大家庭中。

车外的玉兰花依旧绽放着,在夕阳下是那么的坚韧,希望它们永远守住纯洁。

救济程序是维系公正的重要保障
——读《刑事救济程序研究》

作为福特基金会资助的中国控辩式刑事庭审方式的配套措施与保障机制研究课题之一，《刑事救济程序研究》较为系统地梳理了二审程序、审判监督程序、死刑复核程序等刑事诉讼中的救济程序，无疑填补了刑事诉讼救济程序研究上的一些空白。

在实现刑事司法公正的过程中，救济程序扮演着无与伦比的重要角色。事实上，通过缜密的救济程序，在某种程度上是能够有效地预防和纠正冤假错案的。虽然刑事救济的效果不一，立法规定和司法实践操作相去甚远，但是其源颇为流长。我国早在公元前16世纪的商朝，就设立了审级制度，给重大案件的当事人在程序上以救济的机会。而后的西周、西汉等都有相应的制度，设立了一系列程序进行救济。

在西方，公元前的18世纪古巴比伦的汉穆拉比执政时期就有刑事救济制度，公元前6世纪的梭伦立法，公元前449年的古罗马《十二铜表法》等逐步完善一些救济程序，虽然在中世纪欧洲由于神明裁判和当事人决斗的广泛运用，刑事救济程序有所弱化，但是在14世纪以后，刑事救济还是获得了广泛的承认。

严格意义上的刑事救济制度是西方资产阶级革命胜利的产物，其源于自由、民主、平等、人权等现代西方诉讼法治理念和法治原则的确立，这有其历史背景和客观原因。在这样的历史条件和一些诉讼法治的要求下，正如作者所述，刑事诉讼的法律救济就成为一项最基本的权利。在法治社会中，司法是被视为救治社会冲突的最终、最彻底的方式，社会成员间的任何冲突在其他方式难以解决的情形下，均可诉诸法院通过司法审判裁决。从纠纷的角度看，任何冲突的主题都必然在形式上强调自身行为和要求的正当性，对这种对立的"正当"作出裁判，必须有真正的标准。司法制度或程序的真正永恒的生命基础在于它的公正性，而这种公正需要救济程序来维系和保障。

我国现行刑事诉讼中的救济程序包括了二审程序、审判监督程序和死刑复核程序。在对比两大法系主要国家之间的刑事救济程序，作者认为，囿于对国外法制的先进经验吸收不足，刑事救济程序设置偏重国家司法机关的利益、社会结构和诉讼文化影响等，目前我国刑事诉讼法规定的救济程序存在一些不足，主要有：在立法理念上以犯罪控制与国家利益为本位，立法的过程也显得仓促和草率，有关权利救济的规定也不够完善且缺乏违宪审查机制等。问题的精确分析有助于寻找解决的最佳途径,更有利于探讨制度背后的价值理念。

由于现行刑事诉讼法并没有对审前程序一体化的规定,而是将立案、侦查、审查起诉作为相互独立的三个阶段,导致审前程序救济的可能性和制约都存在问题。因此,对于违法侦查行为和公诉环节的救济十分必要。书中认为,应当建立庭前法官制度来审查侦查主体的强制侦查行为,并明确具体的司法审查标准;与此相配套的是建立完善的非法证据排除规则和程序性制裁。虽然实践上进行如此大的变革尚需时日,但是这些建议无疑可以极大地促进对整个刑事诉讼审前程序救济的深入思考。公诉程序救济主要对不起诉案件的制约和起诉的标准考量,相对而言,在构建救济制度前提下,目前更应该扩大检察官的自由裁量权,以防止侦查权的滥用。

救济是权利目标和公正理念实现的基础。在当今一审终审已经几乎没有的情况下,刑事二审程序可谓是行使救济权利的关键。而我国审级制度设计上失当影响了被告人救济权利的实现。作者通过实证分析认为,目前二审程序中,书面审理、合议庭合而不议、内部请示等使得二审程序有待改善。

从本质上看,对救济程序的研究实际上是对权利保障的衡平思考。在惩治犯罪与保障人权之间找寻平衡点时,救济程序发挥着至关重要的作用。面对公权力相对而言仍十分强大的现实,救济程序的研究更加可贵。

撩开公诉权的面纱
——读《公诉权原论》

作为与审判权、辩护权、侦查权都有直接关系的公诉权，自其诞生之日起，权力的本质属性、效力、存在的价值和追求的目标就是人们研究和探讨的对象。《公诉权原论》采用了把握和透析权力属性本质进而探讨制度问题的研究路径，结合实践中权力运行的常态进行整体的阐释，对公诉权这一学理概念条分缕析，清晰地勾勒了公诉权的权能和公诉的基本态势。

研究一项具体的国家权力，视角不能不切中权力的产生和发展。不同于其他权力，在人类诉讼制度的发展过程中，公诉权统由专门机关或人员行使是国家权力分工的产物，近代社会控审分离则是公诉权得以产生的直接原因。公诉来源于自诉，在人类社会早期，国家并没有专门的起诉机关，而是由原告向法院直接提出控告，随着社会的发展，统治阶级认为犯罪行为不仅仅是对被害人的损害，而且是对整个社会的危害，于是兴起了由国家提起公诉的权力。严格意义上说，公诉权的概念首见于1808年法国刑事诉讼法典，依该法典规定，请求定罪科刑的刑事公诉权，专由依据法律授予这种职权的官吏行使。由此可见，公诉权是对犯罪的一种追诉权，作为专门机关代表国家主动追究犯罪的这样一种诉讼权力，公诉权具有守护政体，公正追诉，监督警察、规制侦查，制约法官、防止专擅作用。

对公诉权起源的梳理明晰了权力的背景和要求。有权力必有相应的制度予以配合，要阐明公诉权的性质和属性，就必须对公诉权与公诉制度、检察制度的关系进行深入细致的分析。清末民国时期借鉴西方国家的公诉制度，到新中国借鉴苏联检察制度，由检察官行使的公诉权的权力属性和内涵在不同的检察制度下拥有了不同的权能。作者认为，从严格概念和形式意义上讲，清末移植西方检察制度时彷行了中国旧官制，正式确定检察官，但从社会制度的历史沿革和民族文化的自然延续角度看，检察官的实质功能却有着十分显著的中国古代御史制中的监督特色。北洋政府时期，实行审检分立制，检察官除了行使检举与控告犯罪并提起上诉权，还有权对政府及官吏的违法行为进行监督。民国时期实行审检合署，但是检察官仍有独立上诉权及撤回自诉或上诉案件，完整的公诉权依然由检察官行使。新中国检察官职权以宪法框定的法律监督职权为核心展开，公诉权被视为法律监督权的一部分，其诉讼权能和本质属性则有了新的内涵。

由于检察制度的各异和检察官职权的变化,加之对检察官作用认识的不同,公诉权的性质论争至今未止。行政权说、准司法权说、法律监督权说各执一词。作者在摒弃以西方法理学说作为应然性的依据来给公诉权定性,认为诉讼构造中公诉权的本质属性不是监督权而是诉权。因此得出结论认为,公诉权不属于行政权,也不能用司法权来确定公诉权的性质,公诉权不完全等同于法律监督权,公诉权是一种独立的国家诉权,系请求法院对犯罪实施刑罚的国家请求权。以诉权的定位出发,延伸出对公诉运行原则的概括,自然包含了公共利益、诉审分离、追诉合法、诉辩平衡、追诉客观和限制再行追诉的六大原则。

对公诉权的性质与属性以及行使原则的明晰判断,基本上明了了公诉权的价值含义。但是权力的定义是抽象的,公诉权的实践运作在于公诉。界定明确公诉法律关系和公诉的效力成为了理解公诉权的最佳着眼点。作者认为,公诉法律关系由公诉主体、公诉客体和公诉行为组成,无论是外部关系还是内部关系,公诉的主体应该是检察官,基于这样的判断才能深刻理解公诉主体与侦查主体、审判主体的关系,也才能明确公诉权与审判权、侦查权的关系。权力的运行最直接体现在对象上,显然,作为公诉客体的案件需要符合公诉要件才能被提起公诉。权力对社会的影响体现在效力上,在诉审分离诉讼模式下,无控诉即无审判,从广义上讲,检察官提起公诉后,一般将产生以下法律效果:诉讼系属,禁止重复起诉,公诉时效停止。事实上,公诉更重要的是在社会与个人、个人与个人发生刑事纷争时所应采取的平衡措施,解决犯罪带给个人和社会的伤害。

　　梅因、霍姆斯、波斯纳等认为，复仇是法律的起源。仅仅出现一个作为符号的公权力不足以自动且完全消除那种产生报复冲动的生物性本能，公诉权重在实践运行中的展示和体现。作者以浓重的笔墨具体而详尽地描述了公诉权的行使，以公诉和自诉两种制度的冲突和协调入手，就我国特有的自诉与公诉互转的模式进行探讨。公诉的前提要有具体的证据准备和解决提起公诉前的先决问题，而基于国情和社会制度的不同，公诉案件起诉的决策程序、法官的调查职责和检察官的举证要求也是有所不同的，这些都影响着公诉权权能的实际效果。当然公诉权除了起诉权之外，很大一个权能为不起诉权，基于起诉便宜主义的要求，公诉权涵盖了对具体案件法定不起诉、酌定不起诉和证据不足不起诉，与此同时，司法是否对公诉裁量权进行监督、制约，至今仍是各国探讨的一个难题。

　　任何权力的运行都是受制于一个国家的政治制度，理论和法律上的定位的公诉权能否实现，关键在于公诉权独立性是否有相应的制度保障和空间。正如书中所言，如果独立性没有制度上的保障，非法律性因素特别是政治性因素的影响和干预实际上是很简单的事，这样，政治性因素会同各种各样的其他因素可能插手检察，捞取不正当利益，从而导致公诉权运行的异化。作者由此建议建立独立性的外部保障机制和内部工作机制，完善职务豁免权，实行弹劾程序司法化，建立符合公诉职能所要求的检察官管理体制，以保障检察官依法独立行使权力的独立性。

总之，论著将公诉权的基础问题作为研究、阐释对象，清晰地勾勒了公诉权的理念和制度基础、公诉权的本质属性和公诉权的行使原则，明确了公诉法律关系和公诉权运行及其独立性的制度保障。基于作者检察官的身份，论述公诉权时，法理探讨和实践紧密联系，因而对制度建构与诉讼实践具有很强的参考价值。

公诉权在我国的运行模式既给研究带来了新的视角，也给定性带来了不少困难。中国特色社会主义司法制度有着鲜明的特征，这种特征必然折射到源自西方的公诉权在本土的发展变迁。此书的分析无疑给我们提供了一个很好的视角。

启开证据基础理论的闸门
——读《理想与现实——刑事证据理论的新探索》

刑事证据是刑事司法实践的核心，也许这样的说辞并不恰当，但是对于一线司法工作者而言，这样的判断却并不为过。我们经常可以看到的是：很多刑事理论上可能有争议的事件实践中发生的概率很小，或者说几乎不可能，这并非意味着理论预测事件不会发生，而只是因为实践中证据的问题消化了很多理论上的可能和准则。

我国的法治之路刚刚迈出，诸多司法问题并没有形成一个体系化的框架。证据问题恰恰如此，作为成文法国家，没有一部系统的证据法典无疑给司法实践带来了诸多不便。实践操作的无限需求与理论研究的薄弱成为了一个鲜明的对比，这个对比在证据法学上尤为突出。

证据基础理论研究的不足和证据规则的不完善使得司法者在刑事证据运用上存在着一系列的困惑和难题。因此，对证据基础理论的研究显得尤为重要。基础理论研究是构建一门学科的基石，事实也证明，正是基础理论研究的发展使得法学研究由现代注释性法学转变成了研究性法学。当然，基础理论的研究也是最为困难和枯燥的，而且作为一门实践性科学，证据法学基础理论的研究要立足司法实践，而实践进程的短暂更增加了理论探索的困难。加之诸多学者并无深入一线，对证据的研究只能是高度概括。

在这样的背景下，作者把视角切中了证据理论的基本问题，在对证据规则、证明、证明责任、证明标准进行重新审视的基础上，对证据的概念进行深入细致的解剖，从诉讼证据的品格入手，全面阐述了刑事证据的基本属性和构成要素，以多维的视角对刑事证据的形成进行划分。诚如书中所言，任何将证据凝固于某个阶段的做法，都不免陷入片面，只有把作为记录犯罪过程事实的证据、作为诉讼过程中当事人用来证明自己所主张的事实的根据和作为定案的根据进行动态的运用，证据规则才会有广泛的意义。作为一种基础理论的探索，只有在实践中检验才具有实质性的意义，而这样的风格和思考散见在整个书本的脉络中。

本书15题的第一题，作者就阐述了关于证据基本概念的重新定义。当然，刑事证据的梳理必然涉及对刑事证据分类的思考，刑事诉讼法证据的分类事实上侧重于实践运用而缺乏了理论上的统筹性，需要进行重新的梳理。结合分类梳理，证据与证据制度是不可分割的，证据制度的历史演变的整体把握使我们确立证据规则时能够更加充分思考英美法系和大陆法系相互接近、彼此借鉴和吸收的趋势,这种把握也为证据裁判的基础之路——自由心证的理性思考奠定了实践途径。

虽然专题式的编排和书写方式削弱了整体的逻辑性和连贯性,但是这并不影响对一些最重要的基础理论作一个清晰而简明的阐释。证明标准和证据规则就是在这样的分类式探讨中给读者以解答。司法实践中在进行实体判断时往往更多关注了当事人一侧存在和设定的证明标准问题,而疏于考虑法官一侧存在和设定的标准问题。其实,两者是不能混同的,事实上,诉讼证明标准中存在四个独立的标准,即证明标准、认识标准、心证标准和证明评价标准问题,四个问题是既有区别又有联系的。

相对于证据规则和证明标准而言,证据制度的一些问题更加复杂,证据开示制度、警察作证制度和刑事证人制度的问题不仅涉及法律问题,更涉及对执法官员特别是警察的社会地位定位。在我们现行的体制下,对警察作证的研究分析和制度设计构思是有理论难度的,而作者笔下的理论推演和实证分析给我们提供了一个想象的空间,难能可贵。与此相应的是,口供制度和沉默权问题更是实践中的难点。事实上,在现行的司法实践中,口供一直是无冕的证据之王,其重要性始终无法下降,这样,沉默权的法律要求就显得软弱无力。两者结合而作为前后篇的研究给我们对现行的问题一个十分准确而恰当的了解,这种了解有助于从我国目前的现实法治环境和本土法治要求出发来借鉴一些制度,而非盲目地接受所有的证据制度——即使这些被外国的司法实践证明是有用的。

只有厘清这些基本的理论问题,证据立法才会有坚实的基础。证据立法是当前法学界、司法实务的一个重大热门话题,在考核和评判标准不确定的情况下,广大司法工作者更希望能有证据法可以为自己工作提供更加有力的指导。对此,作者给出了自己的答案,证据立法应该从对证明力的关注转向对证据能力的关注,从客观真实观转向法律真实观,从一元价值观转向多元价值观,从侦查中心主义转向审判中心主义,从形式上的对抗制转向实质上的对抗制。

一定的事实基础是司法裁决获取其正当性的前提,换言之,没有一定事实依据作支撑的裁判必然失去其权威性根基。渗透着生活经验、逻辑法则、伦理规则的法律规范使得诉讼意义上的证据及证据运用比照一般意义上的证据有着各种相异之处。通过诉讼认定案件事实这种形式从其产生之日起,就已经建立起了一套将法官的主观认识法律化的机制。作者用三句话把自己对证据基础理论的零星思维点缀在整体理性思考中。虽然一般人对其理解需要一定的法律素养和法律思维习惯,但这并不排斥作者对这些问题潜心思考的集大成。诚如书题所言的理想与现实,确实,这种思考和探索游离在理想的建构对策和现实的价值思考中,对于这样的著作,我们不妨静心一读。

微著中见远大
——浅评《法苑杂谈》

"在匪夷所思的造物主手上，在神秘莫测的大自然之中，似乎到处都隐含着一种超越一切法的规则和精神。……我相信，倘若我能解读这其中的奥妙，我一定能够写出一本更精彩的《法苑杂谈》。"这是何家弘教授在书中的自述，以此让人喜欢上《法苑杂谈》这本书。这并不是一本很有"理论"深度的学术著作（如果以学界理论评判的角度），但这绝对是一本很有独创性的书，一本很有思想深度的个人著作。在书中，平淡朴实的语言中透出作者作为一名法学家的深邃、严谨，在轻松、诙谐的文字里蕴含作者对法的本质的深层次理解，对社会现象背景的法学探讨、反思。

"作家是散漫的，教授是严谨的。"这是有些人的看法，因此也就认为教授所著的学术专著应严谨,拥有理论深度。理论深度是十分必要的,但如何把握好学问与社会普罗大众之间的联系,如何用朴实的让一般人都可以读懂的语言来表达个人的思想才是更有用的学术贡献。对法学这种社会科学,把理论的精髓演化在散文般的文字中,让老百姓明白原来这就是法学,让他们拥有一种法学灵感、法律意识,这才是法学家另一种境界。《法苑杂谈》更是此目的的精华本,有如经济学家梁小民的《什么是经济学》,又有如美国学者曼昆的《经济学》,都是以此为目的的上乘之作。然则,此书并非无一定深度的纯法律文学之作,在下篇的"法学闲谈"中作者关于当前的热门话题"沉默权"的研究相当深刻地阐述了这一问题的全新理论动态以及是否适用于中国。就这一问题,作者有选择地累述了四篇,之一是默示和明示,之二是审判和审讯,之三是前进和回潮,之四是裨益和弊端,四篇连为一体,有理有据,此为本书的精华部分之一。

"师者,所以传道、授业、解惑也。""传道"不仅仅是用自己的著作让他/她的博士、硕士们理解,而是让法学普及尽可能多的民众之中,这是法学家们的社会责任。当然,这并不是反对或排斥深层次的理论研究和著作,而仅说明如果在众多的有深度的理论著作中多一些能让一般老百姓理解的文字叙述,并不在乎真正的理论贡献,而在乎一般人是否能够接受,岂不更好!我想这或许也是《法苑杂谈》所要达到的目的。正如作者所说:"用老百姓的话,说老百姓的事,谈老百姓没太注意的问题,讲老百姓不甚了解明白的道理。"

总之,这是一本相当不错的"法学著作"。法学著作不是八股文,并非把文章写的只有深刻理论基础功底的人看得懂的著作才是高水平的文章。如果我们能把深刻的理论蕴藏在朴素的语言中，以简单的逻辑来阐述的让一般人都能理解的道理，这才更是上水平的"理论著作"。

法律是简单的，那么法学著作无须复杂。法律是复杂的，那么法学著作更应该通俗易懂。希望有更多简明扼要的法学著作问世，让民众能够更加便捷接受法学知识，也更加了解和理解法律的本意。

从理性走向危机
——读理查德·波斯纳的 *A Failure of Capitalism*

理查德·波斯纳法官,这位被《美国法律人》评为 20 世纪 100 位最有影响的美国法律人之一,其渊博的知识和高产的学术令很人叹为观止。作为法经济学的主要创建者之一,他把经济学分析方法推广到所有法律领域,同样地,他也将法律思维运用到对经济现象的分析之中。法律思维不同于政治思维、经济思维和文学思维。政治思维寻求的是政治上的效果,为了相应的政治利益会牺牲公平和正义,经济思维考虑的是利益的最大化,边际收益最大、边际成本最小是其追求的目标,文学思维带有浪漫主义色彩,或夸大或缩小塑造生活的场景。而法律思维则不同,它的核心是在法治的目标、法律的要求之下以公平正义为价值追求的思维,在法律思维中为了追求公平正义的目标可能付出政治思维、经济思维上不可估量的利益损失,但这是法治的代价和法律追求目标的成本。在书中,运用法律人的"理性"思维来分析2008年那场"突如其来"的金融危机,处处闪烁着耀眼的光芒。

一

2008年9月,美国次贷危机骤然恶化,美欧发达国家金融机构纷纷出现流动性困难和财务困难,濒临破产边缘,全球股市一片愁云惨雾。正当各国政府为应对这场"百年一遇"的金融危机而焦头烂额之际,波斯纳以他独特的视角通过《资本主义的失败:08危机与陷入萧条》对经济危机给出了自己的答案。尽管这种答案争议很大,但是相比较于那些在危机之后纷纷论证危机原因的"事后诸葛亮",波斯纳一如既往地相当敏锐地捕捉到危机背后的"危机"。该书一出版,就赢得主流媒体的关注,《纽约时报》《华盛顿邮报》《华尔街日报》《金融时报》《纽约客》等知名报刊均发表了书评文章,而且迅速荣登全球最大的网络书店Amazon(亚马逊)畅销书排行版,并一度进入《纽约时报》非小说类图书畅销排行榜。对于一本时政类著作,这样的销售业绩,足以让人对波斯纳肃然起敬——当然,这并不排除因为他对自由主义和政府监管不到位进行批评而引起民粹主义和自由主义者的批评。

二

那么,到底是什么导致了这场金融危机,进而导致了经济危机呢？波斯纳在开篇就分析了经济萧条和危机的直接原因（its proximate causes）：从亚洲流入美国的过剩资本以及美联储长期执行的低利率政策；华尔街高层的收入与短期利润目标、风险借贷挂钩；低利率和积极的抵押贷款营销引起的房地产泡沫以及政府松懈的监管；美国民众长期以来的低储蓄率；以及，大型金融机构资产负债表极高的杠杆作用等。当然，显而易见的是，波斯纳并不满足于这些表面的原因，对于人们广泛认为，金融危机是由个人愚蠢、非理性、罪恶甚至无知造成的，他坚决予以反对。正如他在书中明确指出，我对这样的一种观点持怀疑态度：是易于避免的错误、理性的失败或者那些智商比我高的金融经理们的智力缺陷构成了经济崩溃的主要原因。确实，波斯纳在书中花了大量的笔墨论证在经济危机形成过程中，金融机构、公司股东和普通投资者、消费者是如何"理性"决策的。这种"理性"之所以被冠之于非理性，主要是因为人们从危机后对之前的行为进行评价，这种事后的评价确实难以令人信服地得出这些个体在决策时是非理性的结论。聪明人的理性决策何以导致灾难和危机呢？波斯纳用企业内部的利益冲突进行论证说明，让读者更清楚地明白了个体理性并不代表整体的理性，整体的理性也并不能阻挡自由市场的系统风险。为了进一步论证他的观点，波斯纳认为，很多用来说明金融行为不理性的例子都很浅薄，情感等非理性因素会对商人和消费者行为产生影响，但它不必然是甚至通常不是非理性的。

对于很多认为非理性走向危机的人来说，理性走向危机，这或许很难理解。因此，区分"理性"和"非理性"在论证危机缘由时就显得更加重要。事实上，这种区分的重要性在于一个前提——资本主义社会或者说自由市场经济跟人的"理性"是密切相关的。对于大多数经济学家来说，个体理性的假设是市场配置资源有效的前提，理性意味着每个人在市场竞争中追求利益最大化。正是拥有这种理性的人，在市场这只"看不见的手"的指引下，最终达到资源配置的有效和平衡，这也是一些经济学家论述全球微利时代到来的重要理由。当然，用了理性这个词，又指出理性走向危机，这会让人有所误解。对此，我们可以回归到资本主义市场经济的鼻祖亚当·斯密上来，现代诸多经济学家所运用的理性这个词，他当时称之为"激情"或"自然欲望"，而他认为的理性应该是和审慎、道德等联系在一起。因此，在本书中，波斯纳包含情感、冲动的理性，应该等同于亚当·斯密所称的"激情"和"自然本能"。理性的影响确实包含着"感性"的东西，如同凯恩斯所说，人的决策不能依赖严格的数学上的预期值，因为进行这种计算的基础并不存在，使我们的内在的行为冲动推动车轮向前，我们理性的自我在我们可能实现的最好选项之间权衡选择，在能计算的场合计算，但还是常常退回到我们基于随想、情感或机缘的心理动因。当然，理性这个词拥有非凡的含义，除了经济学家运用理性来阐释经济原理外，也有其他学者从自己的学术立场来定义理性。比如，马克斯·韦伯，他提出的理性资本主义，就与波斯纳的理性不同，波斯纳所说的"理性"造成的危机，华尔街高管理性地追求短期业绩，已使得个人的酬劳更加丰富等，在韦伯的思想里，这些都是非理性的。

其实这种对理性的分析并非重点,因为波斯纳认为在格林斯潘宽松货币政策的影响下,那些偏好赚钱的人——这些人并非不理性——蜂拥而至,随大流固然有风险,但并非不理性。这种理性以及有关理性走向危机,都是金融危机的表面现象。波斯纳认为,理性与非理性之间的分界线即使存在也是不清晰的,这就是不应太重视经济行为的非理性维度的一个原因。因此,他的目光并不在于此,而是透过现象看本质,分析危机背后的深层次原因——制度原因。而这,在危机还在发生的2009年,抑或危机可能到目前还未结束,或者说二次危机的什么时候来临也难以定论的今时今日看来,如此迅速、透彻地分析着实让人刮目相看。正如有的评论人说的那样,关键不在于这本书说了什么,而在于谁说了。波斯纳,他再一次让人惊叹。

三

当然,对于此次华尔街次贷风暴引发的金融危机,其原因莫衷一是。在众说纷纭的解释中,基本上从三类角度出发:其一是从个人的微观动机出发,由于个人的的贪婪,个人追求利益的最大化,使个体"理性"逐渐演变成整体的不理性。这种个体的贪婪也极容易错误判断经济形势,导致投资不谨慎,危机风险增高。其二是从宏观经济形势进行判断,认为这次危机属于周期性的经济变动。论者的依据主要是分析了信息网络产业把1970年的经济危机从低谷中带出,直至网络泡沫出现、经济低谷,而由金融衍生产品发展带出了新一波繁荣,直到这次2008

年的金融危机。其三是从政府监管缺失的角度论述，认为危机的主要责任是政府监管的疏忽和无能，特别是对金融衍生产品管理的松弛，以及放任金融界的肆意妄为。波斯纳的书名虽然叫 *A Failure of Capitalism*，批评了资本主义经济的缺陷，但其主旨并不是批评资本主义制度，而是对政府监管不到位的批评。事实上，波斯纳虽然认可自由市场经济具有内在的不可避免的系统性风险，但其并不否认自由市场经济本身的益处，认为只要加以谨慎和及时的监管，这类风险是可以避免的。这种理性向危机的转型，在他看来，主要还是政府监管的不到位，这也符合其一贯的学术思想。为了论证他的观点，波斯纳用法律人的思维分析了这个问题，从而得出在政府监管手段不管是行政手段还是法律手段缺失的情况下，个体的理性行为会导致系统性的缺陷并可能引发严重后果。他举例说，假设政府对污染损害根本不提供救济，那么理性的追求利润最大化的厂商在决定其污染程度时，就不会考虑污染对于那些与他们没有现实或潜在契约关系的人的影响，结果会导致污染损害变得极大，而金融市场与此相同，由于政府的重大失败，由此放任了金融市场的破产，进而为整个社会带来了灾难性后果。同时，他对危机中政府的救市、监管措施也给予了批评，认为政府出台的促进货币流动性的措施实际上对刺激借贷效果甚微，这种批评从他对保尔森出台政策的不屑一顾可以得出印证。波斯纳同时也将格林斯潘纳入批评，这种批评还旨在说明政府应该对金融危机负主要责任，特别是在1933年、1970年经济危机的前车之鉴下。这种对美联储政策的批评，进而对政府监管的批评印证了他对市场经济本身缺陷的担忧。

四

诚然,波斯纳虽然认为这次危机是资本主义的一次失败,同时还批评布什政府和经济学界,甚至认为2000年早期的低利息率和始于1970年的反监管已经埋下了危机的种子。以至于部分经济学家对偏向自由市场立场的波斯纳批评自由市场甚至感到惊讶。但其核心的精神还是没有脱离美国这个具有浓厚实用主义和经验主义特征的国家所给个人打下的烙印。他在法律实务部门的丰富经验,法律人的理性思维,也是他采取这种态度的重要原因之一。因为理论的探讨可以滞后,但实践中面临问题时,最关键的是思考如何合理解决。事实上,理性走向危机并不是一个新的判断,马克思早就鲜明地分析了资本主义市场经济所固有的缺陷。这与波斯纳的分析具有类似之处,波斯纳在书中鲜明地指出,从总体的社会视角来看,我们希望人们在经济状况好的时候储蓄、经济状况差的时候消费,但是从个体的立场上,相反的做法才更加明智。因此,波斯纳也得出每一家企业对这种风险的容忍是理性的,但整个社会对这种风险的容忍则是非理性的。因此,无论是左翼的干预主义,还是右翼的自由至上主义,走入极端都不利于经济的发展,关键是在政府监管和自由市场之间找到平衡。当监管加大的时候,经济学家就会呼吁自由市场,当自由过度的时候,自然有人呼吁加大监管。而波斯纳,所做的显然属于后者。他的实用主义态度和法律思维使得他在书中隐含这样一个观点——不应该陷入意识形态的争论,而要针对问题找到解决的方案。也许正是这一点,书后吴志攀教授"在本书中我们看到的不仅是法学家的精辟论述,还有从'经济学'到'政治经济学'的轮回"就十分贴切了。

社会分工的细化,使得我们专业也越来越细化了,不仅诸如法学与经济学、法学与社会学之间相去甚远,甚至法学内部各学科也渐行渐远,有的还大书特书学科之间的差异。波斯纳的书不仅仅告诉我们经济危机的原因,更告诉我们学科之间不应泾渭分明,而需相互融合。站在学术的高峰,俯瞰就是各个学科终极意义上的等同或具有内在机理的相通;站在学术的山腰,远望茫茫群山,可能会感觉学科之间的差异;而站在山脚下,自然觉得每个学科都是不可攀登的高峰,每座山之间差距又是如此的巨大。其实,法律不是形式主义、自给自足的学科,它需要与经济学、社会学等社会科学和自然科学融合,这样才能更好地对日益复杂精巧的社会制度和社会现象给出确切的答案。

理性观点给人启迪与智慧,波斯纳的思考不仅让我们看到问题的本质,更看到分析问题的方法,值得我们认真学习借鉴。

"跨国"的国际法
——评杰塞普的《跨国法》

作为 20 世纪最有影响的国际法学家和海牙国际法庭、国际法院法官,杰塞普教授对当代国际法理论有着非常重要的学术贡献,他所提出的国际法的作用、目标等方面的概念和对这些概念的解释,以及为加强国际法的效力应采取的措施的思考等,至今仍具有十分重要的参考和借鉴价值。然而,最为人所津津乐道的并非这些,而是他的《跨国法》(*Transnational Law*)一书和该书中所阐述的观点、体现的情怀。虽然跨国法的概念由谁最先提出尚需考证,但如果没有杰塞普和他有关《跨国法》的三篇讲演,跨国法的概念断然无法产生如此大的影响力。无论跨国法概念引起的争议如何,都无法否认杰塞普的这一思想给国际法研究带来的全新视角和课题,这也是他在《跨国法》一书中试图阐述的基本价值观念和命题。

一

《跨国法》一书主要由三篇讲演组成,每篇都有各自的主题,根据讲演的内容,该书分为三章,第一章主要是介绍跨国法的概念,以及对该概念的理解和分析;第二章是分析如何解决跨国的管辖权问题;第三章主要是分析解决跨国争议的法律适用问题。三章连贯成书,从理论到实践,从应然到实然,杰塞普相对较为系统地阐述了关于跨国法的主要思想观点,构成了一个他关于跨国法的比较完整的理论体系。

杰塞普之所以在20世纪50年代前后比较系统地提出跨国法的有关思想并非偶然,有其深刻的历史背景和现实需要。在此之前,很多学者在对国际交易(贸易)等的研究中发现,国际交易(贸易)的法律关系已经超出了国际法或国内法的界限,是一种新型的即跨国的法律关系。对这些关系进行规制的不是单纯的国内法,也不是单纯的国际法,而是国内法和国际法并用,这样就打破了国际法仅适用国际法主体间的关系等传统观念。特别是"二战"结束以后,国际之间的争议和纠纷更加复杂多样,跨国组织越来越成为一种新的力量,国家、私人、国际组织等相互交织和影响,一些国家的国内法规定了对该国公司的域外管辖、部分新独立的国家对外国在本国的私有财产进行国有化、国家和个人之间签订的协议的效力和履行等内容,都对传统意义上的国际法内涵和适用原则提出了新的挑战。而且,"二战"后国际组织如雨后春笋迅速增加,国际社会出现了一些原本传统国际法无法涵盖的内容，比如对国家海商事有关协议的履行和效力、对战争等反人类罪的处理、国际行政法的推行等。这些都是传统意义上国际法与国内法所无法解决的新问题。杰塞普深入研究了这种由个人、法人和国家为主体的跨越国境的法律关系，把制约这类法律关系的各种法律统称为"跨国法"。彼时，美国哥伦比亚大学在杰塞普的领导下专门进行跨国法研究，出版有关跨国法的杂志，极大促进了学术界对跨国法理论的研究和探索。

在《跨国法》的第一章中，杰塞普在解释提出"跨国法"概念原因的基础上，对其内涵进行了界定。他指出，随着封建时代的结束，国与国之间的关系被称为国际的。但是，这是因为人们没有找到一个合适的词或术语来形容大家正在讨论的规则。而且，"国际的"（International）这个词经常被用来形容国与国之间的关系，所以国际法一词在表述这方面的规则时并不准确且具有误导性。同时，他认为国际法等概念也无法明确这些法律关系，因此用跨国法（Transnational Law）来界定所有跨越国境的行为和事件的法律是妥当的。这些法律既包括国际公法，也包括国际私法，还包括那些不能被它们两者涵盖的其他规则。由此，跨国法律关系的主体包含了个人、公司、国家、国际组织和其他主体。随后，杰塞普对国际法和国内法可能遇到的困境进行了分析，找出了其可能存在的共同原因，即随着经济社会的发展，特别是工业化的一路高歌，我们面临着贫富差距、政治参与不同，各种阶层之间的分裂和形成共识难度的加大，这就使得国内案件和国际案件的处理之间具有某种程度的相似性，两者处理方法可以相互借鉴和融合。如同他慎重指出的，不利用法律而达成的解决方式自身可能规定了该案的法律。也因此，他批驳了那些认为由于国家主权的因素存在使得国际法与国内法存在根本差别的传统观念，事实上，国际法和国内法之间既面临着同样问题，也可以有相同的处理手段，两者之间的融合不仅是可能的，而且是现实的。为增强观点的说服力，他分别列举了3组情景案例进行分析说明，每个案例都从国内和国际两个不同角度设置两种类比情景。第一组类比情景分别是，玛丽与弗兰克离婚与摩洛哥从宗主国法国独立，两者提出诉请的理由具有相似之处，玛丽因完全在弗兰克的保护和安排下生活丧失自主权和话语权，希望过自己做主的生活而提出离婚，摩洛哥也是如此，在法国的保护下，丧失对事务的话语权，希望能够自主决定各项事务而提出独立的诉求。第二组类比情景分别是，19世纪七八十年代以农业和采矿业为生存依赖的美国西部居民通过成立政党团体、开展请愿等活动试图改变受东部控制剥削导致的经济落后、生活贫困状态，与20世纪四五十年代以农业和原材料加工经济为生存依赖的新独立的东方国家成立亚非拉集团组织，试图通过改变旧有国际法律和经济秩序以争取民族经济发展、摆脱西方经济控制剥削。第三组类比情景分别是，作为公司小股东从不被重视到受到高度重视，以及在19世纪塞尔维亚、保加利亚等欧洲小国受到歧视和忽视到20世纪同样领土面积较少、军事和政治力量较小的比利时、丹麦、卢森堡、葡萄牙等国作为NATO的成员受到充分重视。通过分析，杰塞普指出，尽管三组场景中的案例并非完全具有类比价值，但是仍然可以得出一个结论,随着时间的推移、交往的融合,国内国际的界限变得非常窄,许多事项已突破了国内法和国际法适用的范畴,而更多地体现出一种融合的趋势,两类看似不同问题的解决实际上有着相互借鉴之处。

在该书的第二章中,杰塞普主要研究了一个最基本也是最重要的问题——国际性案件的管辖权。从引用"对一个国家所要求的只能是他不能逾越国际法对其管辖权所施加的限制"说起,杰塞普首先分析了传统意义上关于刑事案件和民事案件管辖规则的区别,以及这些区别随着一些规范国际刑事案件管辖的国际公约的出现而具有更加明显的趋势。同时,他对这种区别提出质疑,认为对民事和刑事案件刻意进行区分,并分别适用不同的管辖规则,这是否符合法律的本义,是否合适,都有待商榷。随后,杰塞普对民事和刑事案件的属地、属人、普遍管辖等依据进行了分析,认为国际法和国内法都会对某些原则提出共同的质疑,并从跨国法的角度出发,指出这样的划分并无充足的依据。对于一国法律执行机构不能在另一国范围内行使管辖权这些观念,只是基于人们对权力平衡的考虑,这种考虑在很多情况下是欠妥当的。管辖的基础不应该是基于权力平衡,而是立足于国家能否实现有效处理。在此基础上,他认为,解决跨国的争议和纠纷,关键在于哪一个国家能够对其进行有效处理,并提出了关于管辖权的核心论断——跨国法下的管辖不是基于主权和权力,而是一种应该可以对管辖权进行友好分配到全世界所有国家的程序,对于国家和国家社会而言,这种分配既适合人们的需要,也十分便利。

　　在前两章的基础上，杰塞普对跨国争议的法律选择和适用问题进行了深入分析。比如，在联合国的员工与联合国存在劳动纠纷诉至联合国行政法庭时，应适用什么样的法律？与此类似的还有联合国签订的买卖合同出现履行纠纷时，选择什么样的法律来适用也是问题。在当时的情况看，杰塞普认为这种跨国的案件没有更多的法律适用选择。同时，他也分析了国家刑事责任的承担问题，特别是战争罪的主体可以为主权国家的情况下，如何选择适用法律也是一个问题。在分析这些问题的基础上，杰塞普主张不应将适用的法律与个人、国家、国际组织等法律关系的主体相联系，而是由法官根据合理和正义的原则从所有有关的法律中加以选择。虽然这种对法律的选择适用的主张还比较原则，但是其关键不在于研究适用什么法律，而在于说明和论证跨国法的必要性和合理性。

　　从杰塞普关于跨国法的论述看，其对于个人、国家和国际组织参与跨国交易活动，进而出现一种新的跨国交易的法律关系和现象进行了理论和实践层面的反思，并把这种跨国法律问题概括称为跨国法，或者说至少在学术研究上把这种对跨国法律问题的研究称为跨国法。从该书的第一章理论上的阐述，到第二章、第三章实践层面的论证，逻辑思路上呈现出先理论后实践的层层递进方法，用理论来引领和指导实践，用实践来论证和反哺理论，比较全面地论述了跨国法的有关重要问题和理论观点。

二

　　从某种意义上说，杰塞普的跨国法思想具有划时代的意义和影响。这种影响不仅仅在于他关于这一概念的阐释，更重要的在于他告诉人们一条新的路径和方法，即通过这条路可以实现一种新的国际法上的部门法，可以包含更多的法律制度，也可以使法律适用时无须先判断是适用国际公法还是私法。跨国法的思想有着巨大的影响。杰塞普之后，跨国法的理论被一些学者接受并运用，1968年，美国学者斯坦纳和瓦茨将跨国法理念具体化，出版了《跨国法律问题》等著作。之后，一些学者相应地提出了跨国商法和跨国宪法等概念。随着国际组织的风起云涌，世界贸易组织、地区的经济联盟等的深入发展，国际经济立法与劳工标准、环境保护等国际社会立法的大量出现，"跨国"范式的国际法法律制度逐渐形成，特别是欧盟的成立和迄今为止的成功运行，更加佐证了杰塞普关于跨国法思想的前瞻性，表明了以国家为中心的法律体系并非唯一，它们可以和国际层面和超国际层面的法律制度并驾齐驱。杰塞普在20世纪50年代就看出了这一趋势，这不得不令人敬佩。现今国际法律制度的发展在证明杰塞普深刻洞察力的同时，也证明了其关于跨国法思想对当代国际法发展的巨大影响，特别是对国际法主体、国家主权观念、国际经济法等的影响不可估量。

　　与现今我们认为的国际法主体不同，在当时传统的国际法学说中，国家是唯一的主体，即使范围有所扩大，也只扩展到政府间的国际组织。

杰塞普明确了一个基本的观点,传统的国际法概念不准确,必须用跨国法来描述,只要个人或者组织的活动超出了一个国家的边界,就是跨国法律关系的主体,这就肯定了个人、公司、非政府国际组织等的国际法主体地位。这种对传统国际法主体认识的改变具有十分重要的意义。有学者甚至评价指出,跨国法对传统的以国家为中心的国际关系和国际法形成了一个重大挑战,这种对私人行为在跨越国境的关系的确认丰富了我们对国际共同体的认识。在全球化时代的发展潮流中,虽然也有人固守狭义的国际法主体论,但是无论如何,个人、跨国公司、非政府国际组织之间的国际主体地位逐渐得到承认。特别是晚近以来,非国家行为体广泛自主开展国际经济立法活动,形成有关跨国的"软法",逐渐成为国际法的另一种渊源。现今的发展趋势,以及国际法主体的变更,不能不让我们佩服杰塞普在1956年出版此书时的远见卓识。

迄今为止,国际法上的主权问题仍然是一个十分具有争议的问题。与主权密切相关的就是管辖权的问题。管辖权是国家的一项基本权力,也是国家主权的重要体现。长期以来,在理论上国际法对尊重和维护基于国家主权之上的管辖权似乎不遗余力,也使得这一问题上难以突破。但是,杰塞普却对此提出质疑,他在书中明确指出,这种建立在国家主权之上的绝对的属地管辖是有问题的,并举国际上支持人权、反对种族屠杀等特殊犯罪对属地管辖的冲击作为例子。如上所述,杰塞普跨国法理论下的管辖不是基于主权,而是一种程序,这种程序可以使管辖权以一种友好的方式被分配。这种观点从某种程度上说带有英美法系特别是美国法律传统的烙印。与大陆法系如德日等国法律传统不同，美国法学界历来不注重法律体系和法学体系的建构，往往都是按照现实需要进行划分。因此，不管能否成为独立的"法律"，跨国法是为了解决"跨国问题"而产生了，只要能解决这个问题，就应该减少传统理论包括主权理论可能的阻隔。从中，我们更是可以明确看出杰塞普对国家主权观念和基于主权基础上管辖权的反对，他实际上否定了自威斯特伐利亚体系以来的以国家为中心、以主权平等为基础的国际法律秩序。这与战后各国相互依赖加强，在国际交往中必须牺牲一部分国家主权的主张和趋势不谋而合，而且对迅猛发展的非政府间国际组织、跨国公司等具有重要的推动作用。如同有学者指出，如果主权的原则被改变，那么很难想象其他任何的国际机制还能够保持不变。当然此说会随着国际局势的变化而有所变化，也涉及其他学科领域的一些基础性判断。所以有的观点可能仅仅具有学术价值。杰塞普的跨国法理论对于人权的发展也具有重要意义，对人权问题是专属于国内管辖的传统理论产生巨大冲击。有学者指出，跨国法使自己成为实现最广泛意义上的跨国的人权诉讼之梦的一个重要手段。同时，跨国法也为跨国市民社会的形成提供了理论依据，对人权、生态保护组织的人士为打破由国家垄断的现行世界体系，而开展了声势浩大的"新社会运动"或"反体系运动"，最终建立包括国家、人民和跨国市民社会的三元结构体系产生了深远影响，提供了理论上的支撑和依据。同时，这种观点涉及国与国之间的关系，也容易产生一些国际纠纷，引发其他国家特别是弱小国家的不满。

传统的国际公法和国际私法中，由于对国际法主体的认识局限，跨国的投资贸易等法律争端如何适用法律是一个难题。杰塞普跨国法的理论对此也影响深远。他将跨国的贸易、投资、运输、保险等不能为国际公法和国际私法所涵盖的争端全部纳入跨国法的范畴。以致于跨国法经常被等同于国际经济法和国际商法。杰塞普跨国法理论对于国际经济法的贡献，我国学者有着深入的研究。有的认为杰塞普的跨国法理论其实就是我国学者所说的国际经济法；有的则认为，跨国法理论是广义国际经济法理论的最初代表，后来逐渐成为国际经济法的重要派别，等等。实际上，杰塞普在书中所阐述的跨国法理论及其支撑这些理论的具体案例大部分是关于国际经济法或国际商法，但是如果紧紧局限于这个领域来理解其跨国法的理论，难免偏颇。事实上，杰塞普提出跨国法理论时并没有进行明确的界定，只是将有个人、公司等主体参加涉及国际经济贸易和投资等诸多领域的情况都纳入，但是对于国际公法上比如对于一些侵犯人权犯罪的管辖、战争罪的审判等，其依然也应当纳入跨国法理论研究范畴。只是囿于国际公法领域涉及国家主权，很多时候即使有相应的理论主张，也难以实现，所以导致了尽管杰塞普是为了解决国际公法领域存在的问题而提出了跨国法理论，但长期以来却只能在国际经济法和商法领域得到落实。

由于跨国法理论的贡献，有学者认为跨国法既不属于国际法体系，也不属于国内法体系，而是一个新的法律秩序（new legal order），是一个完全独特的法律体系（an entirely distinct body of law）或一个独立的法律秩序（an independent legal order），是在国际法与国内法以来的第三法律秩序（third legal order）。但是，也有很多学者对此提出反对意见，认为杰塞普这种跨国法理论放弃传统的将法律秩序分为国内和国际的划分，而产生一个独立二者之外的跨国法和跨国法律秩序是不恰当的。事实上，用于制约跨国法律关系的包括多种法律，既可能是国内法也可能是国际法，还有可能是国际习惯，并不存在一种跨国法和跨国法律秩序。特别是，法律秩序是以社会为存在前提的，是社会组织和秩序的法律侧面，国内法以国家和社会为存在基础，国际法以国家的合作和主权的有限让步为基础，离开国内法的支持，国际法很难单独发挥作用。以欧盟为例，也是国家主权的让步和合作。WTO也是如此，在WTO规则的国内适用上，各成员方基本是空前的统一：几乎都否定其直接适用性，就连大多数"一元论"的国家也几乎都拒绝WTO规则的直接适用。同时，对于国家与外国公司签订的"准国际契约"因具有选择准据法适用的特性，从而既不适用国际法也不适用国内法的例子，也受到批评。契约是法律上的概念，无论是国内法或者国际法，总是要求契约依具体的法律依据而成立，规定契约可以选择准据法，只是赋予当事人选择的自由，但并没有赋予当事人抛弃契约成立的基础——国际法或国内法渊源，自行创立法制的自由。英国就有国际法学家批评，这种想法（超越国际法和国内法的第三种法律秩序）在理论上是那样的缺少吸引力，那样的不合实际，那样的败坏国际公法，对于法律政策来说是那么危险，以及那么没有必要，以至于它无论多么新奇都不会引起惊讶的反应。我国也有学者认为,杰塞普在跨国法理论中所提出的对传统的国家主权应予以弱化的观点,是与美国在"二战"结束后国事鼎盛且实际控制了联合国的现实状况紧密相关的,这样的背景下提倡所谓的跨国法,难免有强烈的殖民主义、扩张主义和霸权主义气息。特别是在实践中,如果抹杀国际法和国内法的界限,很容易在国际社会造成"弱肉强食"的现象。有学者指出,一些强权国家可能会借题发挥,混淆了国际法和国内法的界限,一方面把有关国内法的问题国际化,肆意干涉他国内政;另一方面,也可以把国际法的问题国内化,把本国国内立法扩张到本应由国际法调整的国家之间法律关系。这样,既可以规避应承担的义务,也扩充自己的权力,1996年美国的《赫尔姆斯——伯顿法》和《达马托法》就是一个例证。

三

主权是国际关系领域的一个核心问题,是"世界民族国家体系的结构原则"。当今世界,国际社会仍然主要由主权国家组成。它们对内是自主的,对外是独立的,并以相互间平权的地位共处于国际社会之中。国际社会不存在一个更高的权威可以对主权国家发号施令。但是,在它们的相互关系中必然需要一种法律秩序来提供具有相互拘束力的行为准则,从而使它们之间的关系有序地进行。也就是说,随着全球化的发展,国际社会作为一个整体,越来越希望把国际关系建立在和平共处和友好合作的基础上,这就需要采取某些特别的法律措施以维护共同的利益和安全，而且这些措施是能够制约国际不法行为，引导和规范国际贸易、投资等行为。换言之，在国际社会中，也正因为每个国家都是有主权的，所以国家主权不是也不可能是绝对的、至高无上的，而只能是相对的、受到制约的。这种制约既有国家和国家间的制衡，也需要"跨国"的国际法规则进行维系。特别是由于全球化背景下，各国不断地主张本国立法的域外效力，必然引发国际法上的问题。杰塞普的跨国法理论在极大改变国际法体系的同时也提供了一种很好的思路和方法。事实上，跨国法理论的发展趋势是需要根据这种理论而强化和发展国际强行规则，从而为纠纷的解决提供一种切实可行的"范式"，即从国际强行法角度来完善跨国法理论，以为解决国际纠纷特别是国际刑事方面的问题提供范式或路径。这对解决国内法和国际法共管的跨国环境问题、反对恐怖主义、跨国人权问题等而言，尤为迫切。

任何法律秩序不可能只有任意法规则而没有强行法规则。跨国法理论的发展和变动首先必须立足于解决"跨国"法律关系问题，或者为解决这些问题提供便利。从实质上看，跨国法理论的一个基本前提是单纯依靠国内法学和国际法学都无法解决错综复杂的跨国法律问题。但这也就绕不开一个基本问题，如何处理好与主权的关系。如果无法从根本上解决这个问题，即便有完整的理论体系，也无法真正得到贯彻实施，从而解决好跨国法律问题。虽然杰塞普提出了一些基本的主张，但是这些主张如何实现，如何对国家主权进行有限限制，需要进一步思考。从可行的角度，这无疑需要强行法规则，因为这些规则所维护的是国际社会成员的共同利益和根本利益，以及一种对于国际交往都有利的行为规范。事实上，国际法律秩序中存在着强行法规则：例如《联合国宪章》第2条第4款规定："各会员国在其国际关系上不得使用威胁或武力，或以与联合国宗旨不符之任何其他方法，侵害任何会员国或国家之领土完整或政治独立。"这项规定就具有强行法性质的规定。此外1969年联合国的《维也纳条约法公约》（以下简称《条约法公约》）在国际强行规则的规定方面率先迈出了一大步。《条约法公约》第53条有如下规定："条约如在缔结时与一般国际法强制规律抵触者无效，就适用公约而言，一般国际法强行规律指国家之国际社会全体接受并公认为不许损抑且仅有以后同等性质之一般国际法规律始得更改之规律。"在国际经济法上，虽然多数条约和规定都是具有"软法"性质，但是由国家之间签订的国际法规范，如《国际货币基金协定》等也规定了相应的具有很强约束力的规范，来维护各国之间协定的履行。同时，欧盟所制定的一些跨越内部各国的经济法律制度，包括欧洲银行的组成规则等，都对各成员国具有较强的约束力。

虽然国际强行规则能够得到有效贯彻需要努力，但是与跨国法相比，其至少在"操作性"层面迈出了新的一步，反对的声音也会减少。换言之，跨国法理论虽然是对传统国际法理论的一种扬弃，而且对传统的以国家为中心的国际关系和国际法理论形成了冲击，但是，从现实和可行的角度看，单纯地抛弃国家而想构建一个全新的国际法秩序和关系是不现实的，唯有通过国际规则的确认和作用，由国际社会赋予某些原则和规范以强行法的性质,才会真正实现"跨国法"的理想和追求。国际强行规则实际上是限制一个国家"国家意志"的任意适用,这一点上与跨国法限制国家中心的理论主张相契合。强制性规则意味着各个国家不能凭自己的意志为所欲为,不能无视国际社会一般的利益和价值。这些规则是为了整个国际社会的共同利益和根本利益而制定的,对它们的破坏,构成了对整个国际社会根本利益的侵犯,从而动摇了国际法赖以存在的基础。因此,凡是与强行法相抵触的条约协议和行为都被视为是无效和非法的。当然,强行性规则的适用意味着国际法从某种程度上成为一种垂直性的法律体系。体系内有高级规则——强制性规则和低级的规则——任意性规则。这种以高级性的规则为核心来约束各种国际上的不法行为,也意味着人类社会发展的一种进步。任何违反国际上一般的价值观念的行为都将遭到国际社会的强烈抵制。当然,我们也应该看到,在国际社会中,国际法的主体是平等的、独立的,没有一个超国家的机构进行统一的管理,也没有凌驾在国家之上的立法机构和执法机构,因此国内法上的某些理论是不能运用在国际法上的,不能依据不同的法律渊源来区分法律原则和规范的等级性。不过国际强行规则的适用使得国际法的规则具有不同的等级性,这种等级性并非是因为国际法规则的制定有着不同的立法机构,而是立法者们一致认为应该赋予某些规则以特殊的性质,这也暗合杰塞普关于跨国法律关系的管辖是一种程序的理想和追求。

国际强行规则的意义在于,对主权进行适当限制,对违反其要求必须受到制裁,这与被称为"跨国主义"的新自由主义学派的主张不谋而合。新自由主义学派主张国家并非国际关系唯一主角,非国家行为体发挥越来越重要作用,国家在国际关系中的利益不是"给定"的,而是国内社会和跨国社会中个人和团体利益互动的结果。新自由主义学派阐明了跨国法律规范生成的机理,其观点和论证观点的方式为分析跨国法提供了强有力的理论框架。传统国际法理论只是简单地强制各国制定相应的国内法执行国际法法律义务,且国际法规则大部分是任意法的规则,所以造成很多时候一个国家或者公司、个人不遵守国际法,但没有相应的制裁措施(特别是大国)。

因此,如上所述,必须真正赋予国际强行规则对国际条约的适用,同时还要明确其对以下范围的适用:

其一,明确对国际习惯的适用。根据《条约法公约》第 53 条规定"条约在缔结时与一般的国际强制规律抵触者无效"。也就是说,国际强行规则只明确规定了适用"条约"的订立。但是,从法理上分析,对与国际强行规则相抵触的条约是不适用的,而在国际法上条约同习惯本质是相同的(条约从某种程度上说是一种国际习惯的成文化,而习惯的强制力与条约雷同),很难想象同国际强行规则相抵触的条约无效而国际习惯有效,这于情于理也不合适。虽然这是一种"应有法"的分析,但现实中某种条约被认为违反国际强行规则而被禁止,那么很难同时出现能被接受的国际习惯予以运用。所以,国际强行规则能运用于国际习惯,这样也才能发挥其作用。

其二，明确对国际法主体的国际行为的适用。对于能否运用在此范围，国际法学界是有争论的，有的学者认为可以适用在国家的各种国际行为上，有的学者则持反对态度。从国际社会的实际状况上看，也从为整个人类利益角度出发，国际强行规则不仅对国际条约和国际习惯予以适用，而且对国际法主体的行为也应该予以运用。当然，这依然只是一种理论上的"应有法"的分析，实际上国际事务、国际政治的复杂性远远超过我们的想象，不可能脱离各国国家利益和国家意志而加以规定，或者即使有规定也很难实施。

其三，明确国际强行规则的溯及力。一般而言，一项法律原则或规范必然有其发生作用与效力的时间范围，而且通常是以经立法机构授权为生效之日。那么国际强行规则是否也是同样的不具有溯及力呢？联合国国际法委员会在关于《维也纳条约法公约》草案的说明中实际上说明了国际强行规则不具有溯及力。事实上，从《条约法公约》第71条第2款规定看[（甲）解除当事国继续履行条约之义务；（乙）不影响当事国在条约终止前经由实施条约而产生之任何权利、义务或法律情势；但嗣后此等权利、义务或情势之保持仅以与一般国际强制规范不抵触者为限]，国际强行规则是不具有溯及力的。那么，由此引出的一个问题是——由于国际强行规则不具有溯及力，在这些规则产生以前缔结的条约如果与后来的国际强行规则相抵触会不会在国际社会毫无阻碍地得到适用？而这对要树立起权威的国际强行规则的作用和意义是一个莫大的打击。这种担心实际上是不必要的。尽管一项国际强行规则没有溯及力，然而一旦国际强行规则新规则产生了，根据《条约法公约》第53条、第64条和第71条的规定，所有条约，无论是在缔结时与某项国际强行规则新规则相抵触的，还是先于该项国际强行规则新规则而缔结、现在与之发生冲突的，均属无效或成为无效而终止。这些条款的各项规定从不同侧面反映了一个共同的要求，它表明：国际强行规则规则一经确立，是不会允许与之相抵触的任何法律制度与它同时存在。

当然，任何制度都是"双刃剑"，具有辩证统一的关系，国际强行规则对防止违反国际社会整体意思有巨大的作用，然而，国际强行规则也有被滥用的危险。如同主张跨国法理论会成为强权国家干预他国的理由一样，强行法的概念也可以被用来损害条约的尊严，也可能被用来作为逃避条约义务的借口。特别是如果把强行法的概念加以扩大适用，那么可能造成条约不稳定的极大危险。事实上，国际强行规则对维护国际社会的稳定具有重大意义，但它的适用应该有一个公认的范围和标准。如果对国际强行规则不加区别的任意适用，不仅会影响国际法主体之间的条约关系，而且还将妨碍国际社会的正常交往。当然，对一项规则而言，存在任何的消极作用是正常的，关键的问题是我们如何更好地设计一个制度来完善它。从这个角度上说也给跨国法理论提供了继续深化的空间。

事实上，20世纪上半叶，两次世界大战给人类造成的惨重劫难唤醒了人们对国际社会整体利益重要性的认识。国际社会成员普遍意识到，维持国际社会的和平与安全，制止侵略，在尊重各国主权平等和民族自决的基础上发展它们的友好关系，以国际合作来促进各自经济、社会、文化的繁荣发展，尊重全人类的人权与基本自由，是它们得以生存和发展的必要条件，符合它们的根本利益，因此，应该成为国际社会的最高宗旨。为确保这一最高宗旨的实现，必须在国际法律秩序中确立更高层次的基本规范，并使全社会成员都无条件地予以遵守。跨国法的宗旨、国际强行规则的根本目的就是维护人类共同的利益。人类的生存、发展需要安宁、和平的环境，战争等国际不法行为是残酷的，为了全人类的集体福祉，国际强行规则应担当重任。特别是在国家主权的自我收缩方面，跨国法与国际强行规则具有异曲同工之妙。跨国法试图从一个全新的法律体系角度来解构由国家为中心而组成的国际法律秩序，从而解决具有跨国性质的一系列法律问题，这必然要求国家在主权问题上进行让步，否则无法实现其理论目标。国际强行规则从比较现实的角度，在各国共识的基础上形成一系列比较可行的制度规范，为了各国整体利益和长远利益，各国都对主权进行自我收缩，严格遵守国际强行规则的要求。与此相关的就是管辖问题，对于一些跨国的法律关系，可以通过国际强行规则，赋予国际法院等解决纠纷的机构更多的权限，扩大其管辖和适用法律的范围，使一些跨国案件可以集中进行处理，并对各国具有约束力，从而实现跨国法的价值目标。而这期间，最为关键是限制大国的权力，防止滥用国际规则来干预他国内政。

四

诚如有学者指出，我国国际法学界对跨国法理论的聚焦点主要有三，即该理论主张国际法与国内法的不可分性；将非国家行为体视为国际法主体，并将它们制定的跨国软法列为法律渊源；以及实际非经济领域的法律规范。这些关注点必须随着时代的发展而有所变化。现今，全球化虽然极大冲击了国家的概念，非国家组织大量崛起，国际交往更加复杂，民族国家的权力也分流给各种非国家行为体，无论是由主权国家组成的联合国，还是国际货币基金组织、国际奥委会、国际红十字会等都在国际社会中发挥着越来越重要的作用。但是，我们更应该看到，当今的世界仍然是以民族国家为基础的组合体，仍然无法脱离威斯特伐利亚体系的基本定型，仍然是民族国家行使着主权且以传统方式单独制定国内法或者联合制定国际法来处理跨国法律关系。因此，跨国法理论要发挥真正的作用，不能局限于国际经济法或国际商法领域，更重要的是解决国际公法领域存在的争议和纠纷。从晚近国际争端看，如果没有国际强行规则，跨国法理论很难真正立足和发展。而如果跨国法理论仅仅是一种新的路径和方法，按照这种方法，可以包含更大范围的法律制度，从而在适用某个案件时不需要考虑应该适用公法还是私法的话，那么跨国法理论就会"沦落"成国际法的一个部门法。研究跨国法理论也就无甚大意义。跨国法理论要解决的并非部门法意义上的国际问题，而是从人类和平交往和人类社会发展的角度，以国际法律秩序为基础，具体研究跨国法律规范在调整跨国法律关系中所能体现出来的特殊性，以及国际法与国内法之间的内在联系，这才是跨国法方式的真正要义。当然，此种理想任重道远。